FUSSBALL WM '90
ITALIEN

VERLAG MARTIN GREIL

Produktion: Studio M, Hamburg

Fotos:
Lorenz Baader, Peter Blachian, dpa Bilderdienst, Gamma Press, Sven Simon, Votava, Werek

© 1990 Verlag Martin Greil GmbH, München

Alle Rechte vorbehalten

Druck und Bindung:
Mainpresse Richterdruck Würzburg

Inhaltsverzeichnis

Eröffnungsfeier:
   Mode, Fußball und Musik 10
Geschäft Fußball-Weltmeisterschaft:
   Kohle für Ciao, TV und den Rasen . . 14

Vorrunde
Gruppe A: Turbulente Tage in der
   Ewigen Stadt 18
Gruppe B: Nobody ganz oben,
   Favorit im Keller 30
Gruppe C: Unzufriedenheit bei den
   Kritikern wie beim Publikum 40
Deutschland – Jugoslawien: Die Sternstunde des Lothar Matthäus 51
Deutschland – Vereinigte Arabische
   Emirate: Wüstensöhne mußten
   Lehrgeld bezahlen 60
Deutschland – Kolumbien: Ein Dämpfer vor der heißen Phase 66
Gruppe E: „Tiger", Taktiker und
   große Töne 73
Gruppe F: Schwächen in der
   „stärksten" Gruppe 80

Achtelfinale
Kamerun – Kolumbien: Ein Knüller
   namens Miller 90
ČSFR – Costa Rica: Das Kopfballfest
   des Tomas Skuhravy 94
Deutschland – Holland: Jürgen Klinsmanns magischer Abend 98
Brasilien – Argentinien: Ein Zauberpaß
   genügte den Blau-Weißen 106
Irland – Rumänien: Bonner und
   die „Hände Gottes" 110
Italien – Uruguay: Serenas Geburtstagsparty 114

Spanien – Jugoslawien: Genuß-Fußball
   bei 40 Grad 118
England – Belgien: Plattschuß in
   letzter Minute 120

Viertelfinale
Argentinien – Jugoslawien: GlücksSpiel für Maradonas Mannen 127
Italien – Irland: Abschied in Ruhm
   und Ehre 130
Deutschland – ČSFR: Eine halbe
   Stunde gebrüllt und gelitten 136
Kamerun – England: Biedere Handwerker gegen begnadete Künstler . . 140

Halbfinale
Italien – Argentinien: Ein Fußballsommer geht zu Ende 146
Deutschland – England: Held des Tages
   Bodo Illgner 149

Spiel um den 3. Platz
Italien – England: Kuriose Tore,
   spontane Freude 154

Endspiel
Deutschland – Argentinien:
   Der Cup kam in die rechten Hände . 156

Die Spiele auf einen Blick 166
Mannschaften, Spiele, Tore 168
Aufgebot der DFB-Elf 174
Qualifikationsspiele der 14. Fußball-
   Weltmeisterschaft 182
Ergebnisse der Fußball-Weltmeisterschaften 1930–1986 187

Die deutsche Weltmeisterelf

Sie traten zum Endspiel gegen Argentinien an: Hintere Reihe von links: Thomas Berthold, Bodo Illgner, Jürgen Kohler, Guido Buchwald, Rudi Völler, Klaus Augenthaler; davor in der Hocke von links: Pierre Littbarski, Andreas Brehme, Thomas Häßler, Jürgen Klinsmann und Mannschaftskapitän Lothar Matthäus.

Die deutsche Weltmeisterelf

Eröffnung

Blüten, Modenschau, jubelnde Fans, glanzvoller Auftakt zur streckenweise begeisternden Fußballweltmeisterschaft 1990.

Resümee

RESÜMEE DER WM: WELTMEISTERLICH

Na also, Gratulation, geschafft. Ein bißchen müde zwar, die Nerven etwas in Mitleidenschaft genommen, aber sonst: wirklich gut über die Runden gebracht, diese Weltmeisterschaft im Fußball. Genauso gut wie die deutsche Mannschaft, weltmeisterlich eben. Gelungen ist die Revanche für die Niederlage von Mexiko gegen eine argentinische Mannschaft, die den deutschen Torhüter Bodo Illgner zum bestbezahltesten Arbeitslosen machte. Nicht eine gute Torchance hatten die Südamerikaner, während Franz Beckenbauer, der Mann, der ohne Trainerschein den deutschen Fußball reformierte, seine auserwählten Kicker nur auf das Tor der Argentinier stürmen sah. Es war der Abschied des „Kaisers" und der Abschied von der deutschen Kraftmeierei im Fußball. Im dritten Finale, das die DFB-Elf in Folge erreichte, kam es zu einem verdienten Erfolg, der sichergestellt wurde durch einen Elfmeter, den Andreas Brehme fünf Minuten vor Schluß verwandelte, was auch irgendwie typisch war für diese Weltmeisterschaft, in der Elfmeter eine entscheidende Rolle spielten. Argentinien, das bitter enttäuschte, hatte ebenso wie die deutsche Mannschaft erst nach einem erfolgreich bestrittenen Elfmeterkrimi nach Rom umziehen dürfen.

Aber es waren natürlich auch ganz andere, vorher kaum vorstellbare Konstellationen möglich. Diese zum Beispiel: Die „beste Thekenmannschaft der Welt" (eigene Aussage der irischen Fußballspieler) schleicht an mehreren Pubs vorbei ins Finale, dort trifft Irland, das Team mit dem geradlinigen, kampfbetonten Stil, auf Kamerun, das zuvor mit afrikanischer Geschmeidigkeit der Fußballwelt gezeigt hat, wie die Zukunft aussehen kann. Draußen sitzen die Arrivierten und begreifen erst allmählich, daß sie die Revolution nicht einmal in ihrem Ansatz erkannt haben. Aber es ist nicht ganz so weit gekommen, wenngleich diese Weltmeisterschaft Spuren hinterlassen wird. Seit vielen Jahren wollen die Afrikaner drei Plätze zugewiesen bekommen im Konzert der Großen, doch der Wunsch wurde immer wieder milde lächelnd abgelehnt. Nach Italien ist alles anders. Kamerun und Ägypten, die Vertreter Afrikas beim 14. Rennen um den Titel eines Fußballweltmeisters, überzeugten.

Vor allem Kamerun erwies sich als glänzender Botschafter all jener Länder, die vermeintlich nur dazu dienen, das Feld auf 24 Teams aufzufüllen, die über diese Rolle allerdings längst hinausgewachsen sind. Irland war das erste Mal bei einer Weltmeisterschaft und kam ins Achtelfinale, Italien stand gegen die USA in der Vorrunde am Rande einer Niederlage, Costa Rica zeigte Schottland und Schweden, daß die Angst vor großen Namen im Fußball nicht mehr vorhanden ist. Die Kluft zwischen denen da oben und euch da unten ist kleiner geworden, war in einigen Spielen bereits völlig verschwunden. Respektlosigkeit führte zu neuem Selbstbewußtsein. Warum warten auf die Trends aus Europa? Vielleicht interpretieren in einigen Jahren alle Torhüter ihre Rolle so wie Rene Higuita, der mit prächtigen, schwarzen Locken ausgestattete Schlußmann von Kolumbien. Er begnügte sich nicht damit, Bälle in seinem Strafraum abzuwehren, Tore zu verhindern: Rene Higuita betätigte sich als elfter Feldspieler mit den Aufgaben eines Liberos. Das Risiko, das sein Spiel birgt, wurde gegen Kamerun deutlich, als ihm Roger Miller den Ball in der Nähe des Mittelkreises abjagte und ins Tor

Franz Beckenbauer tröstet den englischen Torwart Peter Shilton nach verlorenem Elfmeterschießen – der Respekt vor dem Gegner, der an diesem Tag etwas weniger Glück hatte.

Resümee

Resümee

schoß. Dennoch könnte Higuita eines Tages als Wegbereiter gelten, denn in keiner anderen Weltmeisterschaft zuvor waren Torhüter derart wenig beschäftigt wie in Italien. Higuita war des Zuschauens müde, denn die Abwehr nahm ihm fast alle Arbeit ab. Sicherheit vor allem hieß die Devise, sogar Brasilien stellte sich um nach Jahren der Erfolglosigkeit, tauchte in Italien mit einem Libero auf, was den großen Pelé, der als Fernsehkommentator tätig war (wie so viele ehemalige Nationalspieler) zu Schimpfkanonaden gegen Trainer Lazaroni veranlaßte. Doch Lazaroni wollte keineswegs die Seele aus dem brasilianischen Spiel reißen, er wollte lediglich nicht in Schönheit sterben wie so viele Teams zuvor. Seine Mission ist gescheitert, wie überhaupt Langeweile vorherrschte während der Vorrunde. „Die Weltmeisterschaft beginnt erst mit dem Achtelfinale", sagt Franz Beckenbauer. Bis dahin mußte das Publikum einiges erdulden. In der Gruppe E mußten gar die Plazierungen ausgelost werden, weil bis auf Ägypten alle Teams punkt- und torgleich waren. Nach der Aufwärmrunde stieg das Niveau etwas, steigerte sich kontinuierlich bis zum Finale. Auch England trug seinen Teil dazu bei, überraschte sogar mit einem Libero statt der gewohnten Viererabwehrkette. Dem Spiel von Bobby Robsons Mannschaft tat diese Neuerung gut. England hat den Anschluß an den modernen Fußball gefunden. Vielleicht war die Weltmeisterschaft sogar der Weg zurück für die englischen Vereine in die Wettbewerbe um den Europacup. Dann würde wieder Paul Gascoigne auftauchen, der beste Regisseur englischer Fußballmannschaften seit Jahren, einer der auffälligsten Figuren der Weltmeisterschaft 1990, die wie viele zuvor neue Stars her-

So freuen sich Weltmeister. Andreas Brehme wird nach seinem Siegtreffer gegen Argentinien unter seinen begeisterten Mitspielern förmlich begraben.

Resümee

Resümee

vorbrachte, die aber wie wenige in der Vergangenheit zur Enttäuschung wurde für viele hochgelobte Fußballspieler.

Alexej Michailitschenko ging sang- und klanglos mit der sowjetischen Mannschaft unter, Marco van Basten konnte zusammen mit Ruud Gullit die hohen Erwartungen der Niederländer nicht erfüllen, die Brasilianer Careca und Alemao hatten wohl zuwenig Zeit, um sich zu profilieren, Ruben Sosa aus Uruguay wurde gar zum Ersatzspieler degradiert, der Österreicher Toni Polster war wie seine Kollegen ausgerechnet bei der WM völlig von der Rolle. Emilio Butragueño, der spanische Geier, blieb harmlos wie eine Taube. Michel, der Mittelfeldspieler von Real Madrid, tanzte nur gegen Südkorea. Doch der Ausfall der Strahlemänner konnte leicht verkraftet werden. Andre nahmen ihre Position mit spielerischer Leichtigkeit ein. Roger Miller aus Kamerun eroberte sich die Herzen all jener im Sturm, die da meinen, mit 38 sei man schon zu alt für eine WM. Miller schoß vier Tore, war der beste Joker aller Zeiten, denn er spielte nie von Anfang an. Cyrille Makanaky, sein Landsmann, begeisterte wie alle Spieler von Kamerun mit perfekter Technik. Valderrama aus Kolumbien war unübersehbar, Luis Conejo, der Torhüter von Costa Rica, wird in Erinnerung bleiben, ebenso wie Goycochea, der als Ersatzmann für Argentinien begann und zum Elfmeterkönig von Italien avancierte. Stojkovic, der Jugoslawe, Lacatus und Hagi, die Rumänen, nutzten die Chance, sich in Italien für ihre künftigen Arbeitgeber im lukrativen Westen zu empfehlen. Matthäus avancierte vom gnadenlosen Manndecker in Mexiko zum Kopf des neuen Weltmeisters. Keine Sorge, auch Diego Armando Maradona hat nicht enttäuscht. Er hat eine argentinische Mannschaft nach der Auftaktniederlage gegen Kamerun aufgerichtet, hat den entscheidenden Paß gegeben zum Sieg gegen Brasilien und hat gegen Italien seine alte Klasse zurückgewonnen. Aber alle hat letztlich ein kleiner Neapolitaner überragt: Salvatore Schillaci, der Mann mit den großen Augen, die so ungläubig, so faszinierend unschuldig schauen können. Mit sechs Treffern wurde er Torschützenkönig der torärmsten Weltmeisterschaft aller Zeiten. Schillaci, der noch vor zwei Jahren in der zweiten italienischen Liga bei Messina spielte, ist die Hoffnung der Zukunft für viele, die aus armen Verhältnissen kommend, den Traum von einer großen Karriere nicht aufgeben wollen.

Vielleicht werden es künftige Mittelstürmer leichter haben, Tore zu erzielen als noch Schillaci, denn der Fußball-Weltverband hat die Abseitsregel neu gestaltet. Gleiche Höher der Stürmer mit den Abwehrspielern ist künftig nicht mehr „abseits". Aber egal. Hans-Peter Briegel (den kennen Sie doch noch, oder?), Hans Peter Briegel hat jedenfalls erklärt: „Abseits ist, wenn der Schiedsrichter pfeift." Dabei wird es auch in Zukunft bleiben, ob gleiche Höhe oder nicht. Auf jeden Fall haben die hohen Herren der FIFA nachgedacht und sogar eine Entscheidung getroffen, in manch anderen Situationen haben sie sich blamiert vor einem Weltpublikum. Sollen Fernsehbilder künftig zur Beweisaufnahme nach einer offensichtlichen Fehlentscheidung eines Unparteiischen herangezogen werden können? Die FIFA stellte sich diese Frage nicht einmal. Als Rudi Völler gegen Holland vom Platz gestellt wurde, nachdem er von Frank Rijkaard bespuckt worden und kurz darauf an Torwart Hans van Breukelen vorbeigesegelt war, hoffte die deutsche Delegation auf die Revidierung des Platzverweises und die damit verbundene Sperre. Doch das Gremium, das in dieser Sache tagte, hörte sich weder die Spieler an, die extra nach Rom gereist waren, noch hielten es die Her-

Diego Armando Maradona ging zum Schluß als einer der moralischen Sieger vom Platz – er gab der Mannschaft Selbstvertrauen zurück und glänzte schließlich in alter Form.

Resümee

ren für nötig, die Fernsehbilder anzuschauen. Völler hätte sich den Trip sparen können. Rijkaard entschuldigte sich später, die FIFA nicht. Natürlich nicht, schließlich verdient sie auch an Verwarnungen und Platzverweisen. Ein einmaliger Vorgang, der die wahren Beweggründe der Verbandsoberen mit dem Brasilianer João Havelange an der Spitze, aufzeigt. Money, money, money heißt das große Spiel, die Weltmeisterschaft 1994 findet ausschließlich aus diesem Grunde in den Vereinigten Staaten statt, wo Fußball so populär ist wie Eisfischen vor Hawaii. Bei all den Einnahmen hielt es die FIFA auch bei der WM in Italien nicht für nötig, ausreichend Geld abzuzweigen für Fan-Projekte, die sich bei der Europameisterschaft 1988 in der Bundesrepublik als ausgesprochen nutzvoll erwiesen. Aber die Ehrenlogen sind selten der beste Platz, wenn die Probleme einer Weltmeisterschaft beleuchtet werden sollen. Und von den Straßenschlachten ist nichts zu spüren im watteweichen Sitz des Dienstfahrzeugs mit Chauffeur. Es ist der Umsicht der allgegenwärtigen Carabinieri und der südländischen Gelassenheit der Gastgeber zu verdanken, daß die Fußballweltmeisterschaft in Italien zum erhofften Fest des Sports wurde. Italien hat viele Opfer gebracht, den Titel hätten alle als Entschädigung dafür betrachtet. Es hat nicht sollen sein. Weltmeister lassen sich nicht planen. Darum war es ja auch diesmal in Italien wieder so spannend, einen Monat lang. Ciao.

Bundespräsident Richard von Weizsäcker im Gespräch mit Mannschaftskapitän Lothar Matthäus.

Übernächste Seite: Den FIFA-World-Cup vorantragend ziehen die Sieger im Olympiastadion von Rom ihre Ehrenrunde.

Resümee

Vorrunde

Gruppe A – Rom, Florenz

ITALIEN · ÖSTERREICH
USA · ČSFR

Italien – Österreich	(0:0) 1:0
USA – ČSFR	(0:2) 1:5
Italien – USA	(1:0) 1:0
Österreich – ČSFR	(0:1) 0:1
Italien – ČSFR	(1:0) 2:0
Österreich – USA	(0:0) 2:1

Gruppe B – Neapel, Bari

ARGENTINIEN · KAMERUN
UdSSR · RUMÄNIEN

Argentinien – Kamerun	(0:0) 0:1
UdSSR – Rumänien	(0:1) 0:2
Argentinien – UdSSR	(1:0) 2:0
Kamerun – Rumänien	(0:0) 2:1
Argentinien – Rumänien	(0:0) 1:1
Kamerun – UdSSR	(0:2) 0:4

Gruppe C – Turin, Genua

BRASILIEN · SCHWEDEN
COSTA RICA · SCHOTTLAND

Brasilien – Schweden	(1:0) 2:1
Costa Rica – Schottland	(0:0) 1:0
Brasilien – Costa Rica	(1:0) 1:0
Schweden – Schottland	(0:1) 1:2
Brasilien – Schottland	(0:0) 1:0
Schweden – Costa Rica	(1:0) 1:2

Gruppe D – Mailand, Bologna

DEUTSCHLAND · JUGOSLAWIEN
VER. AR. EMIRATE · KOLUMBIEN

V.A. Emirate – Kolumbien	(0:0) 0:2
Deutschland – Jugoslawien	(2:0) 4:1
Jugoslawien – Kolumbien	(0:0) 1:0
Deutschland – V.A. Emirate	(2:0) 5:1
Deutschland – Kolumbien	(0:0) 1:1
Jugoslawien – V.A. Emirate	(2:1) 4:1

Gruppe E – Verona, Udine

BELGIEN · SÜDKOREA
URUGUAY · SPANIEN

Belgien – Südkorea	(0:0) 2:0
Uruguay – Spanien	(0:0) 0:0
Belgien – Uruguay	(2:0) 3:1
Südkorea – Spanien	(1:1) 1:3
Belgien – Spanien	(1:2) 1:2
Südkorea – Uruguay	(0:0) 0:1

Gruppe F – Cagliari, Palermo

ENGLAND · IRLAND
HOLLAND · ÄGYPTEN

England – Irland	(1:0) 1:1
Holland – Ägypten	(0:0) 1:1
England – Holland	(0:0) 0:0
Irland – Ägypten	(0:0) 0:0
England – Ägypten	(0:0) 1:0
Irland – Holland	(0:1) 1:1

Vorrunde

Italien – Österreich 1:0 (0:0)

TURBULENTE TAGE IN DER EWIGEN STADT

Versprochen ist versprochen, Fußball mit Herz sollte es sein, den die Italiener ihren Tifosi bieten wollten im Stadio Olimpico zu Rom, und „wenn man fest an etwas glaubt und wenn Gott es will, dann erreicht man es auch". In diesem Fall ein 1:0 über Österreich zum Auftakt. Nicht bloß ein 1:0, ein Sieg, mehr schon ein nationales Ereignis von besonderem Ausmaß. „Wäre die Bausubstanz der historischen Gemäuer", schrieb der Korrespondent der *Süddeutschen Zeitung,* „nicht so extraordinär, hätte die Ewige Stadt leicht ihr vorzeitiges Ende finden können." Jubel an der Piazza del Popolo, Trubel in der Via Veneto. Hannibal, die Goten – alles überstanden, aber vor der Begeisterung der Italiener, wenn es um Fußball geht, verblaßt selbst ein Eroberungsfeldzug. Inmitten der übergroßen Sympathien stand ein kleiner Mann: Salvatore Schillaci von Juventus Turin, der Österreichs geballte Abwehr überwand mit einem Kopfball in der 78. Minute, eingewechselt kurz zuvor für den glücklosen Carnevale, der vier hochkarätige Torchancen nicht verwerten konnte und ebenso wie Stürmerstar Vialli die Fans auf eine harte Probe stellte. Denn die Italiener begannen auf heimischem Terrain wie die Feuerwehr, couragiert, angriffslustig, technisch versiert. Österreich, nach Erfolgen in der Vorbereitungsphase über Spanien, die Niederlande und Ungarn als Geheimfavorit gehandelt, hatte wenig entgegenzusetzen außer einer prächtigen Leistung seines Torhüters Lindenberger. Für alles andere sorgten die Hausherren: Schöner Fußball an einem lauen Frühsommerabend. „Italien tanzt Walzer", titelte *La Repubblica.* Und Italiens Trainer Vicini mußte ein Stein vom Herzen gefallen sein nach diesem Auftakt, denn an der Bürde der Erwartung in seinem Heimatland, in dem sich selbst Ministerpräsident Andreotti zu Wort meldete („Wir haben euch lieb und respektieren jeden Ausgang") trug er wie „Atlas mit der Weltkugel im Genick" *(Süddeutsche Zeitung).* Und dann dieser Befreiungsschlag der Seele. Am 9. Juni begann die Fußball-Weltmeisterschaft ein zweites Mal. Für Italien und die Italiener mit einem großen, rauschenden Fest.

ČSFR – USA 5:1 (2:0)

Als Italiens Fußballfans immer noch feierten, nahm unbemerkt das Turnier seinen Verlauf. In der Gruppe A mit dem Spiel der ČSFR gegen die Auswahl der USA, wobei in Florenz dabei Welten aufeinanderprallten. Denn für die Kicker aus dem Land der unbegrenzten Möglichkeiten wurde der erste WM-Auftritt nach 40jähriger Abwesenheit bei der Endrunde zu einem Erlebnis der unangenehmen Art. 1:5 (0:2), kurz und schmerzlos, beendete die Mannschaft der ČSFR die Hoffnungen des Außenseiters, dessen Coach Bob Gansler eingestehen mußte: „So haben wir uns das nicht vorgestellt." Wer weiß, was sich die US-Spieler überhaupt vorgestellt haben? Schließlich muß es ihnen schwerfallen, den Fußball auf internationaler Ebene beurteilen zu können. Zwischen New York und Los Angeles liegt der Fußball am Boden. Seit April wurde zwar eine Mini-Meisterschaft mit je elf Mannschaften ausgetragen, aber ohne Nationalspieler, jede Mannschaft verfügt nur über einen Etat von 100 000 Dollar. Der Boom der siebziger Jahre, als Cruyff, Beckenbauer und Pelé sich ein Stelldichein gaben in den USA, ist längst verflogen. Die blutjunge Truppe Ganslers (Altersdurch-

Er kam in der 74. Minute aufs Spielfeld, sah sich die ganze Geschichte vier Minuten lang an und köpfelte die italienische Mannschaft zum 1:0-Erfolg: „Toto" Schillaci.

Gruppe A

Vorrunde

Gruppe A

schnitt 23,3 Jahre) bekam in Italien ihre Lektion frühzeitig erteilt. Das Ergebnis hätte durchaus noch höher ausfallen können, aber Bilek scheiterte mit einem Foulelfmeter an Torhüter Meola, und die ČSFR konnte es sich darüber hinaus sogar leisten, nach dem Platzverweis des US-Amerikaners Wynalda einen Gang zurückzuschalten. Der für Borussia Mönchengladbach in der Bundesliga spielende Frantisek Straka meinte bloß: „Jetzt noch ein Punkt gegen Österreich, dann können wir die zweite Runde packen."

Österreich – ČSFR 0:1 (0:1)

Ein Punkt sollte es werden, es wurden deren zwei für die Tschechoslowaken beim 1:0 gegen einen Gegner, der sich so viel ausgerechnet hatte bei dieser Weltmeisterschaft. Nach dem recht ansehnlichen Spiel im letzten Test in Wien gegen die Mannschaft der Niederlande (3:2) brachte ORF-Reporter Robert Seeger die Erwartungen der Nation auf einen Nenner: „Wir dürfen jetzt nicht überheblich werden, aber diese Mannschaft sollte in Italien mindestens das Viertelfinale erreichen." Mindestens das Viertelfinale. Nach der Schlappe gegen die ČSFR war bereits das Achtelfinale in weite Ferne gerückt. Zu Recht, wie festgestellt werden mußte. Denn Österreichs Recken präsentierten sich in Italien in einer Form, gegen die ein Hühnerhaufen wie eine geschlossene Einheit wirkt. Trainer Hickersberger konnte keine Ordnung bringen in seine Mannschaft, in der nichts zusammenpaßte. Torjäger Polster (FC Sevilla) außer Form, eitel und verspielt, der frühere Mannschaftskapitän Zsak nur Ersatz und verärgert, Stürmer Ogris mit Polster uneins. Maulfechter und Streithansel, mehr gegeneinander denn miteinander. „Wir haben so ziemlich alles falsch gemacht, es wurde einfach zu wenig Fußball gespielt", bekannte Polster hinterher. Fußball spielten in dieser Partie bloß die Tschechoslowaken. In der ersten Halbzeit nach vorne bis zum Treffer von Bilek per Foulelfmeter (30. Spielminute), auf Konter nach der Halbzeit. Abgeklärt und ruhig entledigte sich die Mannschaft von Dr. Venglos ihrer Aufgabe. Der Trainer faßte das Geheimnis des Erfolges in schlichte Worte: „Wir sind kein Eilzug, aber wir wissen, wohin wir wollen." Venglos weiß, worauf es ankommt, kein Wunder als promovierter Philosoph.

Oben: Unsanfte Landung: Nicht gerade zimperlich gehen hier der Tschechoslowake Julius Bilek und der Österreicher Andreas Ogris miteinander um.

*Linke Seite:
Eine Zurückhaltung besonderer Art übt hier Ivo Knoflicek gegenüber Robert Pecl. Eine Szene aus dem Spiel, das ganz Österreich zittern ließ. Das Happy-End blieb allerdings aus, denn die Stürmer aus der Alpenrepublik erwiesen sich als zu harmlos.*

Italien – USA 1:0 (1:0)

Manchmal eignet sich ja auch die Philosophie zur Erklärung der vielfältigen Wunderlichkeiten des Fußballs. Bisweilen tut es aber auch profane Erkenntnis. „Einen Gigi Riva, der gleich aus der ersten Möglichkeit ein Tor macht, gibt es nicht mehr", sagte Italiens

Vorrunde

Gruppe A

Vorrunde

Stürmer Vialli. Vom Begeisterungstaumel in tiefe Ernüchterung. Dem glorreichen Auftakt folgte eine Enttäuschung. Nur 1:0 durch einen Treffer von Giannini gegen die USA. Italien hatte sein erstes Problem. Die Stürmer trafen nicht. Vialli, der sogar einen Elfmeter vergab, wiederum nicht Carnevale, der erneut beim Torschuß Schwierigkeiten hatte. „Ich weiß nicht, warum es nicht klappt", haderte Vialli. Und Carnevale zeigte deutlich seinen Unmut und seine Gereiztheit, als er die Frage eines Journalisten nach der Erfolglosigkeit der Stürmer unwirsch beantwortete: „Was soll das? Es haben drei Stürmer gespielt, einer hat ein Tor gemacht, die beiden anderen keines." Schillaci hatte nach seinem Treffer gegen Österreich Forderungen auf einen Stammplatz gestellt. Unruhe dräute, denn der Tifoso ist in seiner Leidenschaft konsequent. Große Freude, großer Schmerz. Der Anspruch war hoch in Italien, infolgedessen die Kritik angesichts des kaum bemerkenswerten Vorfalls überzogen. Es wurde schon wieder gesprochen vom Minimalistentum im italienischen Fußball. 1:0 – ein Sieg, nicht mehr, nicht weniger. Genugtuung beim Verlierer; die US-Presse zeigte sich schon zufrieden damit, daß es „kein Massaker à la Nero" geworden war. Hoffen und Bangen in Italien. Wie sollte das denn weitergehen, zumal dann, wenn der

Trotz vieler Chancen ein hartes Stück Arbeit für die Italiener: das Spiel gegen Österreich. Hier gehen Bergomi und Polster hautnah ihrem Beruf nach.

Vorhergehende Seiten: Die Entscheidung – Bilek verwandelt den Elfmeter nach Foul von Torhüter Lindenberger an Chovanec; 1:0 für die ČSFR.

Gruppe A

Vorrunde

Gegner ein Tor schießt, zu dem selbst die USA in der zweiten Halbzeit ihre Chancen hatte? Vialli flüchtete sich erst mal in eine Binsenweisheit: „Wichtig ist, daß wir gewonnen haben, egal, wer das Tor oder die Tore schießt."

Österreich – USA 2:1 (0:0)

Tore, Tore, viele Tore – das sollte Österreichs Debakel noch verhindern helfen im letzten Spiel der Vorrunde. Eine kleine, vage Chance auf das Erreichen des Achtelfinales blieb noch. Aber es wurde kein Fest des Angriffsfußballs, sondern eine düstere Vorstellung mit brutalen Zügen. Platzverweis für den Österreicher Peter Artner bereits in der 33. Spielminute, neun Gelbe Karten, wenngleich dabei den syrischen Schiedsrichter Jamal al-Sharif der Unmut beider Teams traf. Dennoch: viel Kampf und Krampf. Überraschend, daß wenigstens noch ein Sieg für Hickersbergers Mannschaft heraussprang, ein 2:1 nach Treffern von Ogris (dem einzigen Angreifer, der in etwa den Ansprüchen gerecht wurde, Polster mußte zur Halbzeit gar in der Kabine bleiben) in der 50. und Rodax in der 63. Spielminute, Murray rückte die Verhältnisse mit seinem Gegentreffer in der 84. Spielminute nach einem schweren Patzer von Torhüter Lindenberger wieder ein wenig zurecht. Hinterher blieb den Österreichern die bittere Erkenntnis, „daß wir uns wahrscheinlich die Latte zu hoch gelegt haben", so Ogris. „Wir waren geistig müde, und dann bist du auch körperlich kaputt." Geistig müde, körperlich kaputt, Mißstimmungen in der Mannschaft als Begründung des Mißerfolges? Kein Spieler der österreichischen Elf hat vor der WM an einem internationalen Turnier teilgenommen, Spieler wie Artner, Pecl (der sich in der Abwehr hervorragend schlug), Linzmaier, Herzog, Streiter oder Pfeffer haben sich erst in den vergangenen Jahren entwickelt, ohne allerdings höchsten Ansprüchen schon genügen zu können. Die Zeit der Reife hat sich nicht rechtzeitig eingestellt. Ähnlich wie bei den USA, die allerdings ganz andere Ziele verfolgten. „Wir wußten, daß wir bei dieser WM einen Lernprozeß durchlaufen würden." Wenigstens hat sich die Mannschaft von Spiel zu Spiel gesteigert. 1994 bei der WM im eigenen Land eine tragende Rolle zu spielen bleibt dahingestellt. Angesichts des mangelnden Interesses, das Fußball in den Staaten hervorruft (keine der drei landesweiten Fernsehanstalten übertrug die Spiele aus Italien), hat der früher für Cosmos New York spielende Italiener Chinaglia sogar von einem historischen Irrtum des Welt-Fußballver-

Oben: Das tat offensichtlich weh. Österreichs Torhüter Klaus Lindenberger verletzt am Boden, die medizinische Abteilung hat zu tun.

Rechte Seite: Und hier erwischt es einen der Gegner. Thomas Skuhravy hebt unfreiwillig ab, nachdem ihm Österreichs Anton Pfeffer die Beine weggezogen hat. Am Ergebnis änderte allerdings auch diese Aktion nichts.

Gruppe A

Vorrunde

bandes (FIFA) gesprochen: „Käme etwa je einer auf die Idee, eine Baseball-WM in Italien durchzuführen?"

Italien – ČSFR 2:0 (1:0)

Baseball in Italien? Unmöglich, König Fußball regiert auf dem Stiefel. Erst recht wieder nach dem 2:0 über die ČSFR, das der Squadra Azzurra eine makellose Bilanz nach der Vorrunde (6:0 Tore/4:0 Punkte) bescherte und Torhüter Zenga die schmeichelhafte Bilanz von 733 Spielminuten ohne Gegentor. „Das war ein weiterer Schritt bei dieser WM, und wir haben uns in die Herzen des Publikums gespielt", sagte Trainer Vicini. Er und die Fans konnten sich freuen über wunderschöne Tore von Schillaci, der erstmals von Beginn an zum Einsatz kam (9. Spielminute), und Baggio (78.), das Vicini „als das bislang spektakulärste bei dieser WM" bezeichnete. Ein Erfolgserlebnis für den teuersten Fußballspieler der Welt, der vor der Weltmeisterschaft für 30 Millionen Mark vom AC Florenz zu Juventus Turin wechselte und damit in der Metropole der Toskana wütende Proteste auslöste. Trotz seines unbestrittenen Wertes mußte Baggio allerdings auf der Ersatzbank darben. Bei ihm und Schillaci liegt der Fall ähnlich. Aufgrund des Überangebots an hervorragenden Solisten spielten sie zu Beginn der WM die zweite Geige. Doch plötzlich war alles anders. Der Sizilianer Schillaci wurde zum populärsten Sohn der Insel, Baggio zum gefeierten Star an diesem Abend. Italiens auf drei Positionen umformierte Elf (neben Schillaci und Baggio kam Berti für den verletzten Ancelotti in die Mannschaft) hatte in einem Spiel mit vielen Höhepunkten die besseren Chancen, Berti und Baggio scheiterten beispielsweise am hervorragenden ČSFR-Torhüter Stejskal. Überhaupt verkauften sich die Mannen von Trainer Venglos hervorragend, zeigten, daß sie in Abwehrspieler Kocian und Stürmer Knoflicek (beide FC St. Pauli) sowie in den Mittelfeldstrategen Kubik (AC Florenz) und Hasek (Sparta Prag) über spielbestimmende Akteure verfügten. Venglos war denn auch trotz der Niederlage nicht traurig: „Jetzt wollen wir für unser Land im Achtelfinale noch einmal Werbung für den Fußball betreiben." Letztendlich hatten die Italiener mit dem Sieg über die ČSFR auch ihr Ziel erreicht, als Gruppenerster die nächsten Spiele in Rom bestreiten zu können. Die turbulenten Tage in der Ewigen Stadt fanden noch nicht ihr Ende.

Links: Walter Zenga hatte nach dem 2:0-Sieg über die ČSFR allen Grund, sich stolz in Positur zu stellen. Italiens Torwart konnte nach dem Abpfiff sage und schreibe 733 Spielminuten ohne Gegentreffer vorweisen.

Rechte Seite: Die Italiener am Boden – aber vor Freude! Mit 6:0-Punkten zog die „Squadra Azzurra" als Sieger der Gruppe A in das Achtelfinale ein.

Gruppe A

Vorrunde

Argentinien – Kamerun 0:1 (0:0)

Argentinien kam als Weltmeister, Kamerun ohne Gepäck. Und als die Ersatzkoffer der Afrikaner in Italien eintrafen, glaubte jeder zu wissen, daß sie schon bald wieder zu packen sein würden. Die Gewißheit, daß es anders kommen sollte, stellte sich bereits am ersten Tag des Weltmeisterschaftsturniers ein. Kamerun hatte das Eröffnungsspiel zu bestreiten, bei dem traditionell der amtierende Weltmeister seine Visitenkarte abgibt, und das Turnier hinterher seine erste Sensation. Als Schiedsrichter Vautrot dem Spiel ein Ende machte, waren von elf nur noch neun Spieler Kameruns übrig und ein gedemütigter Haufen Weltmeister um ihren Dirigenten und Herrn und Meister Diego Maradona. Zwei Platzverweise (Kana-Biyik wegen groben Foulspiels, Massing wegen wiederholten Foulspiels), eine zunächst farblose, später abwechslungsreiche Partie mit schier undenkbarem Ausgang: 1:0 für Kamerun. Natürlich wußte man von den Argentiniern, daß sie seit ihrem Titelgewinn in Mexiko lediglich sieben Länderspiele (von 34) hatten gewinnen können, daß ihr Trainer, der Doktor der Medizin, Carlos Bilardo, ein „Anhänger der Betonstrategie" (*Süddeutsche Zeitung*) ist und Maradona sich wohl nur schwerlich zu jener Form würde aufschwingen können, mit der er 1986 seine Mannschaft fast im Alleingang zum Titel geführt hatte. Aber: Wer war der Gegner, selbst wenn eine Elf dieses Landes 1982 bei der Weltmeisterschaft dreimal unentschieden spielte in der Vorrunde (u.a. 1:1 gegen den späteren Weltmeister Italien) und nur aufgrund des Torverhältnisses die Zwischenrunde nicht erreichte? Wer kannte vor diesem 8. Juni Spieler mit Namen N'Dip, Tataw, Ebwelle, Mbouh, Mfede, Makanaky usw.? Wie sagte doch Ersatztorhüter Bell (Girondins Bordeaux) vor dem Spiel? „Wir gehen ohne Vorbereitung ins Rennen, das ist nun mal Afrika, das beständige, gleichwohl liebenswerte Chaos."

Chaos herrschte hinterher eher auf der anderen Seite. Nach der erbärmlichen Leistung der Argentinier, die sich keine einzige Torchance erspielten, bei denen Maradona kaum in Erscheinung trat und Torhüter Pumpido sich einen gravierenden Schnitzer erlaubte beim Gegentreffer.

Nach dem Kopfball von Omam-Biyik (66. Spielminute) wurde der Weltmeister mit Spott überschüttet: „Argentiniens Angsthasen in der afrikanischen Falle" (*Volkskrant,* Amsterdam); „Neun Mann zu gut für Argentinien. Der Weltmeister kollabierte vor der zuschauenden Welt" (*Daily Mail,* London); „Kamerun erniedrigte den Weltmeister" (*La Vanguardia,* Barcelona); „Maradona, das abgestumpfte Sportidol, hat vor den afrikanischen Zauberern, die einen Trick nach dem anderen aus der Tasche holen, die Magie seiner Dribblings verloren." In der Tat: Kameruns Elf (die zu Hause „die Löwen" genannt wird) technisch brillant, taktisch geschickt und mit dem Mute der Verzweiflung spielend und kämpfend, setzte in diesem Spiel die positiven Akzente. Der Weltmeister war seinen Mythos diesmal frühzeitig losgeworden, während alle Welt den Außenseiter feierte und in Kameruns Hauptstadt Jaunde die Bars bis fünf Uhr morgens geöffnet blieben. *Algemeen Dagblad* aus Rotterdam schrieb: „Die Löwen brüllen, Kamerun gab der WM die perfekte Eröffnung."

Weltmeister Argentinien ein Ein-Mann-Team mit Namen Diego Armando Maradona? In der Vorrunde hatte er reichlich Spott einzustecken, weil er nicht zur gewohnten Form fand und Argentinien um das Weiterkommen zittern mußte.

NOBODY GANZ OBEN, FAVORIT IM KELLER

Gruppe B

Vorrunde

Gruppe B

Vorrunde

UdSSR – Rumänien 0:2 (0:1)

Sensationeller Auftakt, überraschende Fortsetzung. In der Gruppe B ging es von Beginn an drunter und drüber. Erst Kamerun, dann Rumänien – die Außenseiter obenauf. Dabei hatten noch alle Experten gerade die großartige Fußballauswahl der UdSSR in Erinnerung, die sich bei der Fußball-Europameisterschaft 1988 in der Bundesrepublik so hervorragend verkauft, das Endspiel erreicht hatte und dort nur dem niederländischen Gegner unterlag. Der ehemalige Bundesligatrainer Dettmar Cramer hatte zwar vor dem Beginn der Partie Skepsis geäußert und die UdSSR-Spieler „übertrainiert" genannt, aber mit einem Sieg der Rumänen rechnete niemand, nachdem der Sport in diesem Land am Boden lag nach dem politischen Umsturz. Das Spiel wahrte die scheinbaren Kräfteverhältnisse, das Ergebnis verkehrte sie ins Gegenteil. Die UdSSR überlegen, die Rumänen zurückhaltend. Aber es gewinnt beim Fußball, wer seine Chancen nutzt. Protassow, Aleinikow und Sawarow vergaben drei hochkarätige in der ersten halben Stunde. Zehn Minuten später führte Rumänien 1:0. Lacatus nutzte eine Unaufmerksamkeit der UdSSR-Abwehr, Torhüter Dassajew „half tüchtig mit", wie Trainer Lobanowski bissig bemerkte. Als nach dem Seitenwechsel Lacatus einen unberechtigten Elfmeter (Handspiel von Libero Chidijatulin außerhalb des Strafraums) verwandelte, hatten sich die Wertigkeiten verschoben.

Vorhergehende Seite: Die Entscheidung im Spiel der Rumänen gegen die UdSSR: Lacatus verwandelt den Elfmeter zum 2:0-Endstand.

Rechts: Momentaufnahmen aus dem Spiel Rumänien gegen die UdSSR. Bessonow (UdSSR) bremst Rotariu; darunter wird Protassow gestoppt.

Gruppe B

Argentinien – UdSSR 2:0 (1:0)

Alarmstufe eins beim Weltmeister. Diego Maradona, der Superstar, monierte das Fehlen von „Siegertypen, wir haben keine Champions mehr", und ging gleich daran, ein Beispiel zu geben dafür, was einen Champion auszeichnet. Wer weiß, wie die Partie gegen die UdSSR ausgegangen wäre, hätte die „Hand Gottes" (mit der er bereits 1986 das 1:0 im Viertelfinale gegen England erzielt hatte) dieselbe nicht wieder im Spiel gehabt.

Es war in der 13. Spielminute: Eckball von links, Kusnetzow köpft, der Ball fliegt in Richtung Tor und gegen Maradonas Unterarm. Schiedsrichter Frederiksson aus Schweden läßt weiterspielen. Dabei war die Absicht offensichtlich. Die UdSSR geschockt, Sawarow vergibt die nächste große Gelegenheit, eine Viertelstunde später köpft Troglio das 1:0 für Argentinien. Und was sagt Maradona? „Niemand hat einen Sieg gestohlen, wir stehlen nicht." Wer weiß, wer den Sowjets den Sieg gestohlen hat? Vielleicht Frederiksson. Elfmeter verwehrt, Bessonow vom Platz gestellt nach einem eher harmlosen Foul an Caniggia, Troglio fällt auf den Ball, hält ihn mit der Hand fest, im Anschluß erzielt Burruchaga das 2:0. Die Hand Gottes und eine Portion Glück, Argentinien ist wieder im Rennen und kann so den Verlust von Torhüter Pumpido (Schien- und Wadenbeinbruch) leichter verschmerzen. Die UdSSR außer Rand und Band. Die Spieler sowieso, die ihre Torchancen einmal mehr nicht nutzen können, und erst recht Trainer Lobanowski. Torhüter Dassajew darf nicht mehr mitspielen, unverständliche Auswechslungen, erste Kritik, Unstimmigkeiten zwischen Mannschaft und Coach.

Lobanowski wußte sich da schon nicht mehr zu helfen. Sein Zorn richtete sich gegen den Schiedsrichter: „Ich klage ihn hiermit im Bewußtsein meiner Worte an und fordere seinen Ausschluß." Der seiner Mannschaft, das Verfehlen des Achtelfinales, stand praktisch schon fest.

Vorrunde

Kamerun – Rumänien 2:1 (0:0)

Außer Marokko 1986 in Mexiko hat niemals in der Geschichte von Fußball-Weltmeisterschaften eine afrikanische Mannschaft die erste Runde überstanden. Am 16. Juni 1990 stand der zweite Vertreter Afrikas, der die Vorrunde überstehen konnte, fest. Im Widerstreit der Außenseiter trumpfte erneut der Größere von beiden auf. Zweites Spiel, zweiter Sieg, zweite Sensation. Kameruns erneuter Triumph im Spiel gegen die Rumänen war diesmal auch noch das Alleinverdienst eines 38jährigen Fußballpensionärs: Roger Miller, wohnhaft auf Réunion in der Karibik, ausgemustert bereits und zum Ersatzspieler degradiert. In der 57. Spielminute wurde er eingewechselt, in der 73. erzielte er das 1:0, in der 87. das 2:0. Bis dahin war das Spiel von minderer Qualität, hinterher wurde all dies überdeckt von der Aura des dunkelhäutigen Mannes, der bereits 1976 den „Goldenen Ball Afrikas" verliehen bekam für 300 Tore. Miller, ein Unikum. Der Staatspräsident Paul Biya hatte sich persönlich für ihn starkgemacht, nachdem Trainer Nepomniachi ihn gar nicht hatte mitnehmen wollen nach Italien. Nun wurde er zum gefeierten Star. Star? „Nein, ich bin kein Star, ich bin nur ein guter Fußballer", sagte Miller. Hin oder her, Miller hat Kamerun zum größten Erfolg seiner Fußballgeschichte verholfen, der Anschlußtreffer der Rumänen durch Balint kam zu spät. Glück oder Geschick? Spieler Makanaky vermutet etwas ganz anderes. Der Mann mit den Rastalocken richtete den Blick gen Himmel und sprach: „Gott hat es gefallen, heute auf unserer Seite zu sein."

Zwei Spiele, zwei Siege: Erster der Gruppe B und die Überraschung der Vorrunde dieser WM – wenn das nicht Gründe zum Jubeln sind? Kamerun zieht als zweite afrikanische Mannschaft in der Geschichte der WM ins Achtelfinale ein.

Gruppe B

37

Vorrunde

Argentinien – Rumänien 1:1 (0:0)

Der Weltmeister und sein Gegner mußten sich in ihrem abschließenden Spiel der Gruppe B nicht unbedingt helfen lassen, sie halfen sich selbst. Sie taten es mit einem Unentschieden in einer Partie, die rein sportlich wenig offenbarte, was der Überlieferung wert gewesen wäre. Rumänien sicherte sich Platz zwei, Argentinien mit Ach und Krach Platz drei, nachdem zu diesem Zeitpunkt schon feststand, daß mindestens zwei Gruppendritte schlechter abschneiden würden. Es war ein Spiel der Enttäuschungen. Vor allem wieder für Diego Maradona, der an der Stätte seiner Erfolge mit dem SSC Neapel nie an seine großen Leistungen von vor vier Jahren anknüpfen konnte. Möglicherweise hing die bescheidene Verfassung Maradonas in der Vorrunde mit einem herben Verlust zusammen. In der Auftaktpartie ging er seines Glücksbringers, eines goldenen Ohrrings, verlustig. Und bekanntermaßen hängt Argentiniens Idol dem Aberglauben an, was die Sache nur noch schlimmer macht. Beim 1:1 gar (die Treffer erzielten Monzon in der 62. und Balint für Rumänien in der 68. Spielminute) stand er denn auch im Schatten seines Pendants Gheorghe Hagi, des ehemaligen Spielmachers von Steaua Bukarest, der als erster rumänischer Profi einen Vertrag bei einem ausländischen Klub unterzeichnete (Real Madrid). Dabei verpaßten die Argentinier trotz ihrer insgesamt schwachen Leistung sogar noch den Gruppensieg, was unangenehme Folgen nach sich ziehen sollte. „Im Achtelfinale wartet nun auf uns ein großer Gegner", sagte Stürmer Caniggia. Und damit vielleicht das frühzeitige Ausscheiden aus dem Turnier. Diese auch für die Rumänen geltende Aussicht trübte deren Freude nicht über das erstmalige Erreichen des Achtelfinales. Und Torhüter Lung äußerte bereits Wunsch und Zuversicht nach den Erfolgserlebnissen der ersten Tage in Italien: „Die Mannschaft hat bewiesen, wie geschlossen sie spielen kann. Wir wollen bei dieser Weltmeisterschaft noch weitere gute Ergebnisse erzielen."

UdSSR – Kamerun 4:0 (2:0)

Auf gute Ergebnisse kam es für Kameruns Helden gar nicht mehr an. Die

Gruppe B

Linke Seite: Igor Dobrowolski am Boden und mit ihm die UdSSR, die schon in der Vorrunde ausschied.

Oben: Cyrille Makanaky mußte zwar auch hin und wieder parterre, blieb aber mit Kamerun ganz oben.

Löwen kämpften nicht mehr mit der letzten Verbissenheit gegen die UdSSR, deren Chance auf das Erreichen des dritten Platzes in der Gruppe B ohnehin nur noch theoretischer Natur gewesen war. So gewann die eine Mannschaft nach beeindruckender Leistung 4:0 und mußte gramgebeugten Hauptes die Heimreise antreten, die andere jubelte trotz der hohen Schlappe, bei der Kameruns Abwehr vor dem bis dahin überzeugenden Torhüter N'Kono schwerwiegende Schwächen offenbarte. Die Treffer von Protassow, Sigmantowitsch, Sawarow und Dobrowolski kamen für die UdSSR zu spät. Es hätte bei diesem Ergebnis einer Niederlage Argentiniens oder Rumäniens bedurft, und so kann sich die Sbornaja wenigstens damit trösten, noch einmal zum Abschluß einen Beweis ihrer Leistungsfähigkeit abgegeben zu haben, ehe eine neue Zeitrechnung anbricht. Der umstrittene Trainer Lobanowski, der seine Autorität bei der Mannschaft in letzter Zeit eingebüßt hatte, hört auf, Dassajew gab enttäuscht seinen Rücktritt bekannt, die internationale Zukunft der im Ausland tätigen Fußballer ist ebenfalls ungewiß. Genauso ungewiß wie die Zukunft des afrikanischen Fußballs bei Weltmeisterschaften. Mit dem Erfolg Kameruns wurden jene bestätigt, die schon seit langem für den Schwarzen Kontinent einen dritten Startplatz fordern. Als 1986 das Turnier auf 24 Mannschaften (von 16) aufgestockt wurde, wurde das Kontingent von eins auf zwei aufgestockt (mehr kommerzieller denn sportlicher Gründe wegen). Zuwenig, wie sich gezeigt hat angesichts der Übermacht europäischer Mannschaften (14). Bislang hatte der Präsident des Welt-Fußballverbandes (FIFA), João Havelange aus Brasilien, immer gesagt, die Afrikaner müßten erst die nötigen Ergebnisse liefern, um ihre Ansprüche zu untermauern. Voilà, es scheint so, als hätte Kamerun Havelange noch einmal zum Nachdenken bewogen.

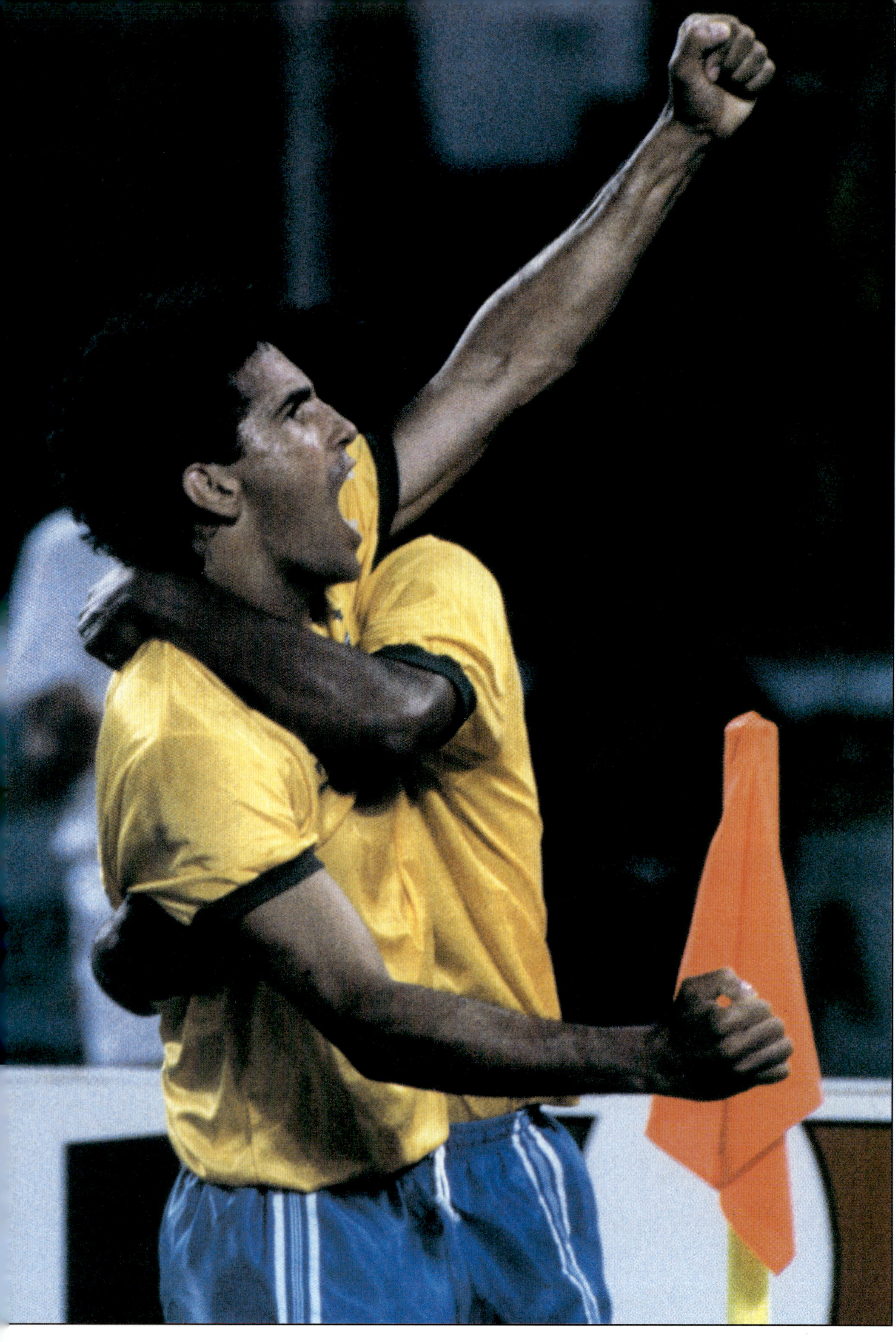

Gruppe C

Brasilien – Schweden 2:1 (1:0)

Brasilien und Fußball, das war von jeher eine Kombination gewesen aus Eleganz und Feingefühl, traumwandlerischer Sicherheit, die schönste Nebensache der Welt, perfektioniert in wunderschöner Form. So wurden die Südamerikaner dreimal Weltmeister, letztmalig 1970. Und was hat sich seither geändert? Vordergründig gar nichts. Immer noch liefern die Strände und Straßen von Rio, Bahia de Salvador und Recife ein Heer von exzellenten Könnern, ein Potential, das seinesgleichen sucht. „Brasilien hat in der Masse die besten Fußballer der Welt", sagt Sebastiao Lazaroni. Immer noch. 1982 spielte die Mannschaft um Zico und Socrates vielleicht den besten Fußball beim WM-Turnier in Spanien, Weltmeister wurde Italien. 1986 in Mexiko lieferten sich Brasilianer und Franzosen ein Spiel, das in die Geschichte eingehen wird, einen Kampf auf Biegen und Brechen mit dem Charme eines Tanzes auf dem Vulkan, Weltmeister wurde Argentinien. Was sich geändert hat? Die Zeiten haben sich geändert und erlauben niemandem, seiner Spielleidenschaft ohne Wahrung des professionellen Gedankens nachzugehen. „Deshalb", so Lazaroni, „hat Brasilien keinen internationalen Erfolg mehr." Das sollte sich ändern mit eben jenem Lazaroni, den der Hilferuf der Confederaçao Brasileira de Futebol 1989 erreichte. Der Trainer schmiß den Kram hin bei El Ahly in Saudi-Arabien. Retter in der Not, der Patient bedurfte einer Radikalkur. „Die

UNZUFRIEDENHEIT BEI DEN KRITIKERN WIE BEIM PUBLIKUM

Der Jubel des Erfolgreichen: Careca, brasilianischer Stürmer in den Diensten des SSC Neapel, schoß beide Tore gegen Schweden.

Spieler sind nicht diszipliniert, die nationale Meisterschaft ist eine Katastrophe, die Mannschaft will nur Tore schießen, vernachlässigt die Abwehr, das müssen wir ändern." Gesagt, getan. Am Zuckerhut regierte die Peitsche. Die Südamerikameisterschaft gewann Lazaronis Team ohne Gegentor. Und die Fortsetzung folgte in Italien. Erstes Spiel, erster Sieg: 2:1 (1:0) gegen Schweden. Die Brasilianer, die Ballzauberer, die Tänzer zauberten nicht, tanzten nicht, sondern taktierten kühl und clever, sicherten den Erfolg mit gekonntem Konterspiel. Selbst ein so außergewöhnlicher Spieler wie Careca vom SSC Neapel trat trotz seiner beiden herrlichen Tore nur als Teil des Ganzen in Erscheinung. Denn, so Lazaroni: „Wir sind nur als Kollektiv stark." Enttäuschung über die Gradlinigkeit im Spiel der Brasilianer, erste Kritik. Der frühere Auswahltrainer Tele Santana sagte: „Sie müssen besser spielen, wenn sie Weltmeister werden wollen." Erst einmal hatten sie gewonnen, das reichte.

Costa Rica – Schottland 1:0 (0:0)

Brasilien erfolgreich, ein Auftakt in der Gruppe C wie erwartet, und die Schotten sollten es ihnen gleichtun. Gäbe es ein Drehbuch für Fußball-Weltmeisterschaften, hätte der zweite Akt vorgesehen: Hoher Sieg des Favoriten, der Außenseiter in die Schranken gewiesen, übergegangen zur Tagesordnung. Aber das Schöne am Fußball ist, daß man nicht weiß, wie es ausgeht. Ein Spieler namens Cayasso brachte in der 49. Spielminute der Begegnung Costa Rica gegen Schottland all das in Unordnung, was sich die Experten zurechtgelegt hatten. Schottland gedemütigt, gescheitert am Glauben in die eigene Stärke, gescheitert am überragenden Torhüter Conejo. 0:1, eine Blamage gegen eine Mannschaft, deren Spieler, wie der Geschäftsführer des Erstligisten Deportivo Alajuela, Ivan Mraz, behauptet, „gerade noch wissen, wo Europa liegt". Aber Fußball hat nichts mit Geogra-

Vorrunde

phie zu tun. „Es sind nicht die schlechtesten Fußballer, mit denen ich mich auf dieses Ereignis vorbereitet habe", sagt Trainer Bora Milutinovic. Milutinovic? Genau, jener Jugoslawe, von dem behauptet wird, er halte es sowieso nicht länger als drei Monate an einem Ort aus, ein Wandervogel und ein Besessener. Während des Spiels gegen die Schotten zeichnete er auf einem Brett noch taktische Spielzüge auf und instruierte so am Spielfeldrand die dorthin beorderten Spieler. Gute Fußballer und professionelle Anleitung, das Ergebnis war diesmal wie schon zuvor bei den Spielen der Afrikaner ersichtlich: Erfolg. Die vermeintlich Unterpriviligierten im großen Fußballzirkus haben ihre Lektionen gelernt. Das zweite Spiel der Gruppe C bei dieser WM zeigte einmal mehr, daß die Kleinen gelernt haben, wie die Großen zu denken.

Wahrscheinlich wird das Turnier in Italien der Nachwelt neben den Namen der Weltmeisterelf vor allem eines überliefern: daß es keine Außenseiter mehr gibt, daß Mannschaften wie die von Costa Rica die althergebrachten Weltanschauungen zum Einstürzen gebracht haben. Aber wie sagte doch Costa Ricas Libero Flores? „Gut eingespielt können wir jeden schlagen."

Schweden – Schottland 1:2 (0:1)

Plötzlich war Feuer unter dem Dach der Etablierten. Weder Schotten noch Schweden hätten wohl gedacht, daß im zweiten Spiel des Turniers sich ihr Schicksal schon entscheiden sollte. Keiner konnte sich eine Niederlage erlauben, Panik vor Torschluß, noch ehe die Weltmeisterschaft richtig begonnen hatte. Und eigentlich sollte alles für die Schweden sprechen, die immerhin auf so renommierte Akteure wie Magnusson, Thern (beide Benfica Lissabon), Ekström (AS Cannes), Hysen (FC Liverpool), Strömberg (Atalanta Bergamo) oder Pettersson (Ajax Amsterdam) zurückgreifen konnten. Zumal die Schotten nach der Niederlage gegen Costa Rica nicht das vermittelten,

Gruppe C

Oben: Der Torschuß und die Sekunden danach. Cayasso hat den schottischen Torhüter Jim Leighton überwunden, 1:0 für Costa Rica.

Links: Zweikampf im Spiel Schottland gegen Costa Rica. Diesmal behält Stuart McCall vom FC Everton die Oberhand vor Norman Gomez.

was professionelle Einstellung vermuten ließ. Stürmer Johnston war hinterher an einer Bar ertappt worden, ein anderer Teamkollege sogar in inniger Umarmung mit einer einheimischen Schönheit. Das Volk grollte. Doch Schottland zeigte seine wahre Stärke gegen die Schweden. Nach Treffern von McCall (11. Spielminute) und Johnston (82.) bei einem Gegentreffer von Strömberg (86.) war die Welt wieder in Ordnung. Einsatzwille, Zweikampfstärke und Härte gegen sich und den Gegner zeichneten die Schotten an diesem Abend im Stadion von Genua aus. „Uns fehlen Spitzenkönner", sagte Trainer Roxbourgh, „wir können uns nicht auf individuelle Brillanz verlassen." Schottlands altes Leiden. Sechsmal war es bei einer Fußball-Weltmeisterschaft vertreten, sechsmal ist es gescheitert in der Vorrunde. Für kurze Zeit herrschte wieder Hoffnung.

Brasilien – Costa Rica 1:0 (0:0)

Anderswo wurde auch gehofft, weniger auf Siege, denn auf die Wiederkehr der Künstler. Aber Brasilien blieb seinem neuen Stil treu auch im Spiel gegen Costa Rica. Nach dem 1:0, das Muller in der 35. Spielminute sicherstellte, über den Vertreter Mittelamerikas. Allerdings hatten die Brasilianer jeglichen Kredit bei neutralen Zuschauern und Fans verspielt. Zwar vergaben die ballgewandten Südamerikaner noch eine Reihe von Chancen, doch die Kritiker hatten sich schnell formiert ob des schmucklosen Vorgehens der Mannschaft Lazaronis. Und alle meldeten sich zu Wort, allen voran das Idol des fußballverrückten Landes, der unvergessene Pelé, in Italien als Journalist tätig: „Das ist nicht mehr das Brasilien, das ich kenne." Lazaroni, ein Dickschädel, ein sturer Hund, der vor der WM sogar die Konfrontation mit dem allmächtigen Verbandspräsidenten Ricardo Teixeira nicht scheute, hielt dagegen. All jene, die sich nunmehr so gebärdeten, sollten sich vor Augen halten, was sie erreicht hätten: Zico, Santana, Socrates – die Generation der Versager. „Ich glaube", meinte Alemao, der ebenfalls für den SSC Neapel spielt, „daß uns das nicht mehr passieren kann." Natürlich nicht. Lazaroni hatte wiederum eine Formation auf das Feld geschickt, das „eine professionelle Auffassung von seinem

Ein erlösender Moment: Der schottische Mittelfeldspieler Stuart McCall erzielt das 1:0 gegen Schweden und leitet damit den 2:1-Sieg ein. Es ist der erste WM-Erfolg einer schottischen Mannschaft seit 1982. Damit scheint für die Fans die Welt wieder in Ordnung. Nicht lange, denn die Schotten überstehen die Vorrunde dennoch nicht und müssen die Heimreise antreten.

Job hat". In der Abwehr mit Jorginho (Bayer Leverkusen), Mozer (Olympique Marseille), Dunga und Galvao, alle lauf- und kopfballstark, im Mittelfeld mit Branco, ein Spieler eher europäischen Zuschnitts, und Gomez, einem Renner. Lediglich Valdo (Benfica Lissabon) und die Stürmer Careca und Muller verbreiteten noch südamerikanischen Fußballzauber. Zweite Vorstellung, zweiter Sieg, Brasilien marschierte. Und Costa Rica, das sich in Ehrfurcht zurückhielt, lauerte auf seine Chance, die sich noch einstellen sollte.

Costa Rica – Schweden 2:1 (0:1)

Die Vorzeichen waren günstig für die Mannschaft Milutinovics. Schweden mit dem Rücken zur Wand, und es galt ja nach wie vor, was der Trainer vor Beginn des Turniers gesagt hatte: „Wir haben in Italien nichts zu verlieren. Im Gegenteil, wir werden mit unserem Fußball positiv überraschen." Es war allerdings – unabhängig vom Erreichen dieses Ziels – noch ein weiter Weg bis ins Achtelfinale nach dem 2:1 (0:1) über die zunächst stürmischen, später mutlosen Schweden. Ekström hatte frühzeitig die Führung erzielt, Conejo fortan alle Hände voll zu tun, ein Debakel zu verhindern. „Ohne Conejo hätten wir zweimal verloren", sagte Milutinovic hinterher anerkennend. Aber es zeugte schon von erstaunlicher Reife, wie Costa Ricas Mannen, die zu Hause gerade einmal ihr sportliches Tun mit 1000 Mark monatlich entlohnt bekommen, nebenher meist noch einer anderen

45

46

Tätigkeit nachgehen, wie Cayasso, der eine Bar betreibt, oder Jara, Elektriker von Beruf, die Schweden gegen Ende der Partie an die Wand spielten. Jeder Erfolg hat seinen Vater. „Wir danken Bora", sagte Flores, „daß er uns geholfen hat. Er hat uns unsere Fehler aufgezeigt und alles tausendmal wiederholen lassen, bis wir unsere Fehler korrigiert haben." Und Michel Hidalgo, Betreuer der französischen Mannschaft, die 1984 Europameister wurde, lobte seinen Kollegen: „Glückwunsch, saubere Arbeit." Ein überragender Torhüter, eine solide Abwehr, ein technisch versiertes Mittelfeld und Glück im Abschluß – eine treffliche Mischung. Dabei hatte Milutinovic wenig Zeit für die Umsetzung seiner Strategie. Zwei Monate, nicht mehr. Luis Cesar Menotti, Argentiniens Trainer beim WM-Sieg 1978, war das zuwenig, er lehnte dankend ab: „Mein Image ist mir wichtiger." Vielleicht wäre ihm jetzt Milutinovics Image lieber. Olle Nordin wollte hinterher keiner mehr haben. „Ein totales Desaster", titelte *Dagens Nyheter; Aftonbladet* sprach sogar von „gebrochenem Herzen". Schweden ausgeschieden, unehrenhafter Abschied nach der ersten WM-Teilnahme seit 1978. Über die Probleme der Mannschaft, der im Angriff die Durchschlagskraft fehlte und im Mittelfeld die ordnende Hand, drang nichts nach außen. Teamkapitän Hysen sprach zwar von mangelndem Kampfgeist, nannte aber keine Namen. Und Nordin? Der erklärte zwar lang und breit, warum er zeitweilig auf Regisseur Strömberg verzichtete, sagte aber nach dem bittern Knockout nur Allgemeingültiges: „Wir haben in der zweiten Halbzeit einfach aufgehört, Fußball zu spielen und zu rennen."

Beeindruckende Freude des Torwarts James „Jim" Leighton aus Schottland nach dem zweiten Treffer gegen Schweden.

Gruppe C

Brasilien – Schottland 1:0 (0:0)

Wenn es um Spielen und Rennen geht, hätte man den Eindruck gewinnen können, die Brasilianer und Schotten hätten bei ihrem abschließenden Aufeinandertreffen gerade das nicht im Sinn gehabt. Für die Südamerikaner ging es um nichts als die Wahrung des ehedem guten, bis dato schon leicht angekratzten Rufs, für die Schotten ums blanke Überleben. So sah das Spiel aus. Brasilien zurückhaltend, die Schotten in verzweifelter Abwehrhaltung. Gegen Ende sorgte Muller noch für ein Tor, acht Minuten vor dem Schlußpfiff, für die Schotten vergab Johnston wenige Minuten danach alleinstehend vor Torhüter Taffarel die Chance zum 1:1, danach brach die Kritik herein über beide Mannschaften. Schottland habe sich nur destruktiv verhalten, monierte der ehemalige bundesdeutsche Auswahlspieler Kalle Rummenigge, Brasilien sei erneut den Beweis seiner Klasse schuldig geblieben, jammerte Pelé. Man habe den Eindruck gewonnen, Brasilien habe Angst, „das sind die Leute nicht gewohnt". Lazaroni sagte dazu nicht viel, nur, daß er Pelé als Fußballer geschätzt habe, „aber nicht als Kommentator". 6:0 Punkte, 4:1 Tore in der Vorrunde – Erfolg erstickt jede Kritik im Keim. Sogar bei den Stars. Lazaroni verzichtete (ausgenommen im Spiel gegen die Schotten) auf Stürmer Romario von PSV Eindhoven und (ausgenommen einen siebenminütigen Einsatz im Spiel gegen Costa Rica) auf dessen Kollegen Bebeto, Südamerikas Fußballer des Jahres. Dabei hatten sich alle ein rauschendes Fest gepflegten Angriffsfußballs von den Brasilianern gewünscht. Palastrevolution unvermeidlich? Von wegen. In einer Abstimmung sprach sich die Mannschaft samt Reservisten für Lazaroni aus. Das Volk heulte gequält auf, die Idole glaubten Brasilien verraten, und Lazaroni beendete die Diskussion lapidar mit der Feststellung: „Wenn wir Weltmeister werden wollen, müssen wir noch vier schwere Spiele gewinnen." Er hatte seine Schonfrist gewahrt.

Vorrunde

Im deutschen Trainingslager in Erba wird die „schiefe Schlachtordnung" geprobt – so sieht es jedenfalls aus dem Blickwinkel des Fotografen aus. Im Ernstfall, in Mailand, Turin und Rom, spielte die deutsche Mannschaft eher geradlinig und meist geschickt gestaffelt...

Gruppe D

Vorrunde

Gruppe D

DIE STERNSTUNDE DES LOTHAR MATTHÄUS

Es waren ungewohnte Töne, die Franz Beckenbauer vor dem ersten Spiel seiner Auswahl gegen Jugoslawien anschlug. Keine Spur von Zaghaftigkeit war zu vernehmen, vielmehr hieb er mit viel Selbstvertrauen kräftig auf die Pauke. Diese Mannschaft, so des Kaisers mutiger Satz, diese Mannschaft könne Weltmeister werden. Und weil sie auch noch so gut gearbeitet habe vorher, zudem alles prima Kerle seien, würde er, der Teamchef, es allen auch wirklich gönnen. Es waren keine psychologischen Winkelzüge des Franz Beckenbauer, er war zutiefst davon überzeugt, daß die DFB-Elf des Jahres 1990 die beste seit vielen Jahren sei. Erfolgreich war sie auch in der Vergangenheit, allerdings hauptsächlich typischer deutscher Tugenden wegen. In Spanien 1982 und in Mexiko 1986 kämpfte sie sich jeweils ins Finale vor. Die spielerischen Glanzlichter setzten andere. Aber jetzt in Italien..., da wurden Erinnerungen wach an die Weltmeisterschaft 1966 in England, an den triumphalen 5:0-Sieg zum Auftakt gegen die Schweiz. Diesmal war es ein 4:1 gegen Jugoslawien im ersten Spiel der Gruppe D.

Dabei wurden die Ballkünstler vom Balkan durchaus hoch eingeschätzt vor dieser Partie, da sie sich souverän für die Titelkämpfe qualifiziert hatten. Doch niemand, nicht einmal die kühnsten Optimisten, konnten mit einer bundesdeutschen Mannschaft rechnen, die fast bedingungslose Offensive auf ihre Fahnen schreiben würde. Nach wochenlanger Vorbereitung zunächst zu Hause und dann im lieblichen Südtirol war die Freude über das Ende der nervenaufreibenden Wartezeit zu spüren. Jürgen Klinsmann: „Recht viel länger hätte ich das nicht mehr ausgehalten." Aber anders als in der Vergangenheit löste sich verständliche Vorsicht bereits nach knapp einer Viertelstunde, wurde das von Beckenbauer proklamierte Selbstvertrauen umgemünzt in harmonische Ballstafetten. Früh griff die deutsche Mannschaft die Jugoslawen an, Buchwald und Berthold, der für den verletzten Kohler in die erste Elf kam, gingen beherzt an ihre Aufgaben gegen Savicevic und Vujovic heran, und der zuvor so hochgelobte Stojkovic, der Regisseur des jugoslawischen Spieles, hatte nie Zeit und Gelegenheit, in Ruhe seine Pässe zu schlagen. „Ich habe nur wenig geschlafen", bekannte Jugoslawiens Trainer Ivica Osim in der Nacht nach dem Spiel.

Die 90 Minuten auf dem Spielfeld des Giuseppe-Meazza-Stadions in Mailand waren ein Alptraum für ihn, vor allem das Auftreten der „Italiener" im Team der deutschen Mannschaft, allen voran Lothar Matthäus. „Das ist der Lothar, wie wir ihn kennen", sagte genüßlich noch Klaus Augenthaler, als Inter Mailand gegen den FC Bayern aus dem UEFA-Cup-Wettbewerb geflogen war. Wieder einmal hatte Matthäus enttäuscht, als er gefordert worden war, wie so oft zuvor bei den Bayern. Ein halbes Jahr später: Matthäus lobt Augenthaler, den Abwehrchef, und Augenthaler findet nur Worte allerhöchster Anerkennung für den Mittelfeldspieler. „Das war eine Sternstunde von Matthäus", sagt Augenthaler. Wenn man weiß, daß sich beide nie sonderlich grün waren während der gemeinsamen Zeit in München, wird klar, welch großes Spiel Matthäus tatsächlich absolvierte gegen Jugoslawien. „Wenn er so spielt, gibt es keinen Besseren auf der Welt", meinte Franz Beckenbauer. Matthäus war nicht nur Antreiber im Mittelfeld, sondern auch Tor-

„Wenn er so spielt, gibt es keinen Besseren auf der Welt" – höchstes Lob vom Kaiser für Lothar Matthäus nach dem Spiel gegen Jugoslawien, in dem der „Italiener" bei seinem „Heimspiel" brillierte.

Vorrunde

Gruppe D

schütze. Dem Kapitän war es vorbehalten, den ersten Treffer der deutschen Elf in Italien zu schießen, und es war ein Tor Marke Matthäus. Er nahm den Ball, der ihm genau von Reuter zugespielt worden war, sicher an, spielte einen Jugoslawen aus, sah die freie Bahn zum Tor und schoß überraschend für fast alle mit links.

Matthäus befreite sich in seinem 75. Länderspiel (damit steht ihm ein offizielles Abschiedsspiel zu) vom Ruf, sich immer dann zu verkrümeln, wenn Verantwortung gefragt ist. „Vielleicht", so Beckenbauer, „ist Matthäus heute in der Lage, sich auf besondere Aufgaben besonders konzentrieren zu können." Matthäus bestätigte die Auffassung des Teamchefs. Es stimme, daß er sich früher zu leicht ablenken ließ. „Jetzt habe ich

Oben: Umwerfender Jubel nach dem 3:1 gegen Jugoslawien. Die Akteure: Jürgen Klinsmann und Lothar Matthäus.

Links: Auf der Flucht nach vorn: Jürgen Klinsmann, antrittsschnell und torgefährlich – vor allem im Zusammenspiel mit Andreas Brehme.

Vorrunde

gelernt, daß der Fußball im Vordergrund stehen muß, ich habe meinen Rhythmus gefunden." Es ist seine dritte Weltmeisterschaft, das Trikot mit der Nummer 10, das sich traditionsgemäß immer die Größten überziehen, von Fritz Walter über Pelé, Diego Armando Maradona oder Gullit, scheint ihm endlich passen zu können. Aber es war nicht nur das Spiel des Lothar Matthäus, der sich auch wehrte gegen zuviel Wirbel um seine Person, was früher selten der Fall war: Es war die Geburtsstunde einer deutschen Elf, in der persönliche Eitelkeiten vergraben blieben. Jeder ordnete sich dem Dienst an der Mannschaft unter. Matthäus stellte fest, daß die Ersatzspieler auf der Bank sich genauso gefreut hätten wie jene, die von Beckenbauer nominiert worden waren. „Das wäre früher nie möglich gewesen."

Harmonie, wohin das Auge blickt. Das zweite Tor entsprach dem voll und ganz. Andreas Brehme bugsierte den Kunststoffball (Leder – das war einmal) mit gefühlvollem Schnitt an die Kante des Fünfmeterraumes, Jürgen Klinsmann flog ihm entgegen, berührte ihn nur kurz mit seinem Blondschopf und verlängerte ihn so an dem verdutzten Ivkovic vorbei zum 2:0 für Deutschland. Hundertmal probiert, und wieder ist's passiert. Klinsmann spielt bei Inter Mailand, Brehme auch. Was wunder, daß die italienischen Gazetten zum Großteil den triumphalen Sieg ihrer Liga zuschreiben. „Deutschland, ganz Inter", titelte *Gazzetta dello Sport*. Und trotzdem kehrte bei Franz Beckenbauer, der mit schmaler Brille die Partie wie gewohnt stehend verfolgte, keine Ruhe ein. Er schimpfte wie ein Rohrspatz und widersprach damit in ungewöhnlicher Eindringlichkeit seinem zuvor geäußerten Satz, daß für ihn persönlich die Weltmeisterschaft nichts bedeute. Von wegen. Immer wieder schien er zur Vorsicht mahnen zu wollen. Möglicherweise war ihm der Angriffsschwung seiner Jungs selbst nicht geheuer. Und dann auch noch die 55. Minute: Jozic köpft unhaltbar für Illgner, der zuvor lediglich einen Schuß halten mußte, den Anschlußtreffer für Jugoslawien. Anschließend zitierte der Kaiser Brehme zu sich und gab diesem mit auf den Weg zurück ins Spielfeld, er solle dem betreffenden Herrn sagen, daß er, Beckenbauer, sich mehr Koordination wünsche. Gemeint war wohl Augenthaler, der ansonsten freilich eine glänzende Partie lieferte. „Es machte mir soviel Spaß, ich bin mehr gelaufen als normalerweise", meinte der Libero, der sogar den Mut hatte, sich über die Mittellinie zu wagen.

Es war bemerkenswert, daß der Spielfluß nicht abriß nach dem Gegentor. Und es war erneut der Kapitän, der Beckenbauers kurzzeitige Besorgnis beendete. Aus der eigenen Hälfte preschte Matthäus nach vorne, strebte dem Tor der Jugoslawen zu, schoß, diesmal mit dem rechten Fuß. 3:1. „Ich wußte, ich konnte solche Sololäufe starten, weil Häßler oder Bein dann hinten die Lücken zumachten", meinte Matthäus. Er ist nicht der geniale Spielmacher, aber ein mächtiger Dampfhammer. Die Jugoslawen spürten seine Wucht. Schön, daß Rudi Völler noch einen draufsetzte. Oder war es doch Andreas Brehme, der den vierten Treffer für die Bundesrepublik erzielte? War es gar ein Eigentor von Ivkovic, der den von Brehme geschlagenen Ball nicht festhalten konnte? Welch ein Gefühl, wenn man ungezwungen und befreit darüber diskutieren kann, wer denn nun bei einer Weltmeisterschaft den Treffer Nummer

Der Torwart jubelt meistens solo. Bodo Illgner hatte beim Spiel gegen Jugoslawien mit den viermaligen Freudenkundgebungen mehr zu tun als mit Schüssen, die sein Tor bedrohten.

Gruppe D

vier gegen Jugoslawien schoß. Vor dem Match wären wohl alle froh gewesen über ein gültiges Tor. Die Zeitungen in Mailand schrieben es jedenfalls Brehme zu, logischerweise, denn damit ließ sich trefflich fabulieren. Erstmals, so der Hinweis, sei es dem deutschen Trio von Inter Mailand bei einem Länderspiel gelungen, alle deutschen Tore zu markieren. Brehme wird's egal sein, Völler auch. Hauptsache, der Ball war drin und Jugoslawien besiegt.

Beckenbauer reagiert prompt. Zunächst durften Andreas Möller und Pierre Littbarski anstelle von Thomas Häßler und Uwe Bein noch ein unterhaltsames Viertelstündchen mitspielen und zeigen, daß auch auf sie Verlaß wäre, wenngleich der Teamchef keine Neigung verspürte, das im Eröffnungsspiel so erfolgreiche und überzeugende Team zu verändern. Ja, und dann brach Beckenbauer auch noch mit allen Traditionen. Er gab den Spielern Ausgang! Nicht bis zum Wecken, nein, bis zum Dienstagnachmittag um zwei Uhr. Eineinhalb Tage. „Entspannung ist so wichtig wie Anspannung", meinte Beckenbauer dazu. Jeder wurde auf seine Art glücklich. Uwe Bein fuhr mit Andreas Möller auf dem Sozius einmal mit dem Auto um den Comer See, Stefan Reuter, der sich einen Stammplatz sicherte im Match gegen Jugoslawien, führte seine Frau Birgit groß zum Essen aus, Guido Buchwald besuchte Jürgen Klinsmann in dessen Domizil am Comer See zum Plausch unter Schwaben. Das Verhältnis der Spieler untereinander ist besser denn je, das Verhältnis der Fans zur Mannschaft ebenfalls. Dieses Team ist wieder gefragt, mit diesem Team können sich die Anhänger identifizieren. Und sie machten daraus auch kein Geheimnis. Euphorisch wurden die Siege auf dem Weg von Mailand zum noblen Quartier in Erba von deutschen Schlachtenbummlern gefeiert. Jürgen Klinsmann sah „keinen Unterschied mehr zwischen der Mentalität von Italienern und Deutschen". Selbst Beckenbauer, der schon viel erlebt hat, war beeindruckt. „Dieser Jubel, diese Anteilnahme..."

Vorrunde

Gruppe D

Bedauerlicherweise gab es auch ein paar andere Zuschauer aus Deuschland-Ost und -West, die vor dem Match in Mailands Innenstadt randalierten. „Geschändetes Paradies", klagte der Mailänder *Il Giorno,* dessen Berichterstatter sich „nach Beirut versetzt" fühlte. 21 Polizisten wurden verletzt, sieben deutsche Fans ins Krankenhaus eingeliefert, 40 Rowdys angezeigt, 14 Personen zu je 20 Tagen Haft verurteilt. Das sind, neben dem 4:1 gegen Jugoslawien, die anderen Zahlen. Die Spieler ließ das nicht kalt. Matthäus, der Kapitän, nahm unaufgefordert Stellung zu den Ausschreitungen. „Ich schäme mich für diese Leute und hoffe, daß diesen Radaubrüdern schnell und mit aller Härte das Handwerk gelegt wird."

Oben: Und dann zappelte der Ball zum 4:1 im Netz der Jugoslawen, dahin befördert vom „Römer" Rudi Völler.

Links: Freude hoch vier nach dem 2:0 per Kopf durch Jürgen Klinsmann nach Flanke von Andreas Brehme – beide Gastarbeiter bei Inter Mailand und daher bestens aufeinander eingespielt.

Vorrunde

Im freudigen Clinch: Jürgen Klinsmann, der Vorreiter des deutschen Sturms, und Andreas Brehme, der Tor-Vorbereiter, nach dem 2:0 gegen Jugoslawien. Mit seinem furiosen Spiel, das 4:1 endete, gab das DFB-Team einen großartigen Einstand bei der 14. Fußball-Weltmeisterschaft in Italien.

Gruppe D

Vorrunde

WÜSTENSÖHNE MUSSTEN LEHRGELD ZAHLEN

Nein, Allah hatte es wirklich nicht gut gemeint an diesem Abend mit den Fußballspielern der Vereinigten Arabischen Emirate. Es fielen während der Partie gegen die Mannschaft des Deutschen Fußball-Bundes nicht bloß ein paar Tropfen vom Himmel über Mailand, es regnete in Strömen. Blitz und Donner gesellten sich dazu, und dann waren da noch die Mannen von Franz Beckenbauer, die sich pudelwohl zu fühlen schienen bei all diesem Chaos. Arme Wüstensöhne. Oder doch nicht? Die Schlagzeilen der Zeitungen in den Emiraten: *Daily al-Khaleej* bestätigte, daß die Elf von Trainer Carlos Alberto Pereira, einem Brasilianer, den Test bestanden habe. *Arriyadhiya* sah gar „ein großes Match unserer Mannschaft", und die die *Khaleej Times* lobte: „Gut gemacht, Jungs". So ist das, wenn das Ergebnis nur 1:5 lautet, aus der Sicht der Araber. „Wir sind hier nur, um zu lernen", bekannte Pereira, der wohl als einziger im Lager der Arabischen Emirate das Leistungsvermögen seiner Kicker richtig einschätzte.

Es war, mit Abstand, das schwächste Team bei der Weltmeisterschaft. „Das war kein richtiger Test, das war höchstens ein Freundschaftsspiel wie gegen eine Oberliga-Mannschaft", meinte Abwehrrecke Guido Buchwald. Deshalb auch die Freude bei dem bescheidenen Gegner, dessen einziges Sinnen und Trachten war, „so viele Tore wie möglich zu verhindern" (Pereira). Bravo! Dem Fest, das einen Hauch von Orient nach Italien brachte, stand nichts mehr im Weg, und im Grunde hätten sich die Kollegen aus der Bundesrepublik gleich anschließen können. Die erste Etappe war zu jenem Zeitpunkt geschafft, das Achtelfinale erreicht.

Es war nicht alleine diese Tatsache, die plötzlich bei den Buchmachern in England für Wirbel sorgte. Es war die Art und Weise, wie die DFB-Elf auch gegen die harmlosen Araber spielte, die sie in der Rangliste der Favoriten ganz nach oben klettern ließ, sogar noch vor Italien, den Gastgebern. „Wir haben unseren Rhythmus gefunden, andere Favoriten noch nicht", meinte Beckenbauer in beinahe schon üblicher, selbstbewußter Tonart. Er wird an die Italiener gedacht haben, die sich schwer taten gegen die USA, an die Niederländer, die nur Unentschieden spielten gegen Ägypten, an die Engländer, die mit Irland erneut Probleme hatten (nur 1:1). Nicht so die deutsche Mannschaft in ihrem Spiel gegen einen Außenseiter. Schon nach einer halben Stunde hätte allein Jürgen Klinsmann drei Treffer schießen können. Daß er die Chancen nicht verwertete, ärgerte ihn hinterher so mächtig, daß er nach vorzeitiger Auswechslung – die damit jedoch nichts zu tun hatte – abdampfte wie aufgedreht, um erst einmal zu sich zu finden, ehe er sich zu einem Kommentar in der Lage sah. Auch das drückt aus, daß die DFB-Auswahl den Gegner ernst nahm.

Sören Lerby, der früher beim FC Bayern spielte, traute seinen Augen nicht, als die deutsche Mannschaft auch ihr zweites Spiel mit nie erlahmendem Einsatz und ungeheurem Engagement bestritt: „Diese Truppe gibt nie auf, man spürt, daß sie hungrig ist." Hungrig nach Erfolgen, nach Toren. Deshalb war Beckenbauer wieder aufgeregt und hektisch, als die zählbaren Resultate auf sich warten ließen. Aber kommt Zeit, kommt Völler. Obwohl hart bedrängt, erlöste er seinen Teamchef, erzielte das längst überfällige 1:0. Und dann legte endlich auch Jürgen Klinsmann seine Hemmungen ab.

Auf den Knien, aber dennoch motiviert bis in die Fingerspitzen: Jürgen Klinsmann. Gab die Vorlage zum 1:0 und machte das 2:0 selbst.

Gruppe D

Vorrunde

Stefan Reuter flankte, Klinsmann sprang hoch, überragte Freund und Feind im Strafraum und köpfte zum zweiten Tor ein.

Die bundesdeutsche Mannschaft spielte so flott und begeisternd auch gegen die Arabischen Emirate, daß die Fans die unablässig herabstürzenden Regenfälle kaum beachteten. Wer Glück hatte, fand sowieso Unterschlupf. Sybille Beckenbauer, die neue Frau an der Seite des Teamchefs, kroch unter den Schirm von Luggi Müller, dem ehemaligen Nationalspieler, die Reporter orderten Plastikplanen, und die Akteure suchten die Kabine auf nach allerdings ordnungsgemäß absolvierten 45 Minuten, die kurzweiliger waren als viele zuvor bei dieser Weltmeisterschaft.

Doch der Mensch an sich ist edelmütig, hilfreich und so weiter. In diesem Fall besonders Thomas Häßler, der Mittelfeldzampano und ehemalige Kölner. Mit einem Mal fand er sich kurz nach Seitenwechsel in der Position eines Verteidigers wieder, weil längst außer Torwart Bodo Illgner alle deutschen Spieler stürmten und versuchten, ein Tor zu schießen. Häßler, 1,66 m groß, verschätzte sich bei einem weiten Flankenwechsel des Gegners und verhalf damit Khaleel Mubarak zum größten Augenblick seines Lebens. Mubarak nutzte die Chance ganz im Stile eines großen Fußballspielers, schob den Ball an Illgner vorbei zum ersten Tor für die Vereinigten Arabischen Emirate bei einer Fußball-Weltmeisterschaft. Wenn der Torschütze nach Hause kommt, erwartet ihn eine nette Belohnung. Die Prämie im Wert von 120 000 Mark (ein schönes, deutsches Auto, hergestellt im Süden, aber nicht in Bayern) stiftete Scheich Zayed Bin Sultan al Nahyan für eben jenes geschichtsträchtige Tor.

Mubarak bringt es also mehr ein als nur Ehre, die freilich bei den Arabern von unschätzbarem Wert ist; Thomas Häßler dagegen war ob des Mißgeschicks nicht sonderlich gut zu sprechen. Mit Gattin Angela suchte er eine Stunde vor der erlaubten Zeit das Weite, wohl wissend, daß er nicht alleine des Gegentores wegen in der Kritik

Gruppe D

stehen würde. Beckenbauer gab freimütig nach dem Match gegen die Vereinigten Arabischen Emirate zu: „Häßler ist einer der wenigen deutschen Spieler, die bisher bei der Weltmeisterschaft unter ihren Möglichkeiten geblieben sind." Beckenbauer wechselte später Littbarski für Häßler ein und lobte den neuen Spieler, weil er seine Aufgabe, das Spiel über die Flügel in Schwung zu bringen, bestens erfüllt habe. Häßler fuhr problembeladen nach Italien. Noch in Köln trug er einen Disput aus mit Trainer Christoph Daum, der Wechsel nach Turin, die damit verbundenen Erwartungen setzten ihn mehr unter Druck, als er dies wohl glaubte. Nur Häßler fiel ab gegen die Vereinigten Arabischen Emirate, Lothar Matthäus, der Kapitän, erneut auf. Ein paar Minuten nur nach dem überraschenden Gegentor erzielte der Wahl-Mailänder das 3:1. Matthäus, immer dann ein Vorbild und mit Taten zur Stelle, wenn er gebraucht wird. Sogar der Obernörgler Paul Breitner lobte ihn: „Eine große Elf braucht so einen Chef."

Aber auch andere, die auf ähnlichem Niveau spielen können, wenngleich nicht so spektakulär. Spieler wie Uwe Bein, 29 Jahre alt schon, dennoch ein Greenhorn in der Nationalmannschaft. „Wenn Uwe gesund ist, spielt er", sagte Beckenbauer nach dem Spiel gegen die Vereinigten Arabischen Emirate. Ein Wechsel auf die Zukunft. Bein hat es ihm angetan, weil er sich auf der linken Seite mit Andreas Brehme gut ergänzt und weil er mittlerweile zeigte, daß er kämpfen kann und torgefährlich ist. Das

Der Frankfurter Uwe Bein lieferte gegen die Emirate eine glänzende Leistung ab, die er mit dem Tor zum 4:1 krönte.

Vorrunde

Gruppe D

vierte Tor im zweiten WM-Spiel ging auf sein Konto. „Ich habe mir den Ball ein bißchen ungeschickt vorgelegt, deshalb mußte ich mit rechts schießen. Aber es ging auch so." Bescheidene Worte, bescheidene Gesten. Bein, sympathisch und erfolgreich. Vielleicht ein Spiegelbild der deutschen Mannschaft in den ersten Tagen der Weltmeisterschaft, in der sie sich die Achtung und den Respekt der Konkurrenz nicht nur in ihrer Gruppe verdiente. Völler, der den fünften Treffer markierte, glaubt, ein Geheimnis der deutschen Elf zu kennen. „Ich fühle mich hier einfach heimisch. Wenn ich den Fernseher einschalte, höre ich keine fremde, sondern eine mir längst vertraute Sprache." Er, Völler, habe das Gefühl, daheim zu spielen. So wie auch Klinsmann, Brehme (er handelte sich in diesem Spiel allerdings seine zweite Gelbe Karte ein), Matthäus und Berthold, der sich freiwillig auswechseln ließ, als sich eine leichte Zerrung bemerkbar machte, was Beckenbauer lobte („Das war klug von ihm"). Vielleicht auch das ein Zeichen der neuen Harmonie im deutschen Team, die sich weiterentwikkeln konnte, weil die Vereinigten Arabischen Emirate brav mitspielten. Nur ein Problem brannte zu jenem Zeitpunkt Lothar Matthäus unter den Nägeln. „Unsere Frauen sitzen irgendwo weit oben auf dem Rang, während im Ehrenblock viele Plätze frei sind", ärgerte sich der Kapitän (das muß er als Kapitän). Horst R. Schmidt, Organisationschef des DFB, versprach Abhilfe, was nur korrekt war. Diese Mannschaft hatte es sich bis dahin verdient, daß man sie aus der Nähe betrachtete.

Linke Seite: Pierre Littbarski kam zur zweiten Halbzeit für Berthold ins Spiel, war sofort im Bilde und sorgte mit einigen Distanzschüssen für Aufregung, das Tor blieb (noch) aus.

Oben: Der Himmel spielte mit. Zeitweise goß es während der Begegnung wie aus Kübeln – ein Donnerwetter, das die Wüstensöhne ebenso gelassen über sich ergehen ließen wie die Niederlage. Die Presse ging zeitweilig unter Plastikplanen in Deckung.

Vorrunde

EIN DÄMPFER VOR DER HEISSEN PHASE

Als wäre es ihre leichteste Übung, hatten etliche Spieler der bundesdeutschen Fußballauswahl in den vergangenen Tagen darüber parliert, daß im Prinzip niemand sie hindern könne, Weltmeister zu werden. Jetzt, nach dem weniger vom Ergebnis als von der Spielweise her enttäuschenden 1:1 (0:0) gegen Kolumbien in Mailand, sollten sie es besser wissen. Zwar reichte ihnen das Remis zum ersten Rang in der Vorrundengruppe D, doch bedarf es einer kräftigen Steigerung, um die hochfliegenden Pläne umzusetzen. Aber selbst im trübsten Gewässer schwimmt bisweilen noch ein ansehnlicher Fisch. Und den zog Berti Vogts, der künftige Bundestrainer, aus dem Wasser: „Es ist ganz gut, daß wir diesen kleinen Dämpfer bekommen haben." Littbarski gelang erst kurz vor Schluß ein Treffer, den Rincon jedoch zwei Minuten nach Ablauf der regulären Spielzeit egalisierte.

„Wir wußten vorher, daß es diesmal schwieriger werden würde", sagte Teamchef Franz Beckenbauer. „Die Kolumbianer haben eine sehr gute Mannschaft." Stimmt, doch die Deutschen machten sich durch elementare Fehler das Leben selber schwer. So ließen sie die beiden Sturmspitzen Völler – der weitaus beste unter ihnen – und Klinsmann weitgehend in der Luft hängen und gegen eine Übermacht ankämpfen. Lothar Matthäus, der dies wenigstens ein paar Mal versuchte, erreichte nicht ganz seine Weltklasseleistung der vorangegangenen Spiele. Häßler befände sich „auf dem Weg der Besserung", urteilte Beckenbauer, Bein fiel stark ab. Thomas Berthold machte sich einen gemütlichen Abend und durchmaß das Mittelfeld ruhigen Schrittes, auf daß die Partie nicht in Arbeit ausarte. Als große Verstärkung erwies sich der nach der Pause eingewechselte Pierre Littbarski, nicht nur wegen seines Treffers. „Er hat sehr gut gespielt. Littbarski ist ein hundertprozentiger Profi, der auch nach seiner Nicht-Berücksichtigung den Kopf nicht hängen ließ", sagte Beckenbauer. „Er hat immer weiter an sich gearbeitet, den Erfolg hat man heute gesehen."

Der Pferdefuß der Deutschen war diesmal die Abwehr um Libero Augenthaler, der sich allein sechs mittelschwere bis kapitale Fehler leistete. Hans Pflügler konnte den gesperrten Linksverteidiger Andreas Brehme keineswegs ersetzen. Franz Beckenbauer: „Er war gut vor der Pause, konnte nachher aber nicht mehr mithalten." Allein Vorstopper Guido Buchwald trat so souverän und klar auf wie bislang im gesamten Turnierverlauf.

„Der Druck für eine große Leistung hat gefehlt", kommentierte Beckenbauer, schon zuvor waren die Deutschen für die nächste Runde qualifiziert. Dort bekommen sie es mit dem Dritten der Gruppe F (Holland) zu tun.

Es ist keine Überraschung gewesen, daß die Männer um Kapitän Lothar Matthäus von Anfang an vor den Kolumbianern den Hausherren zu spielen gedachten. Danach sah es auch zunächst aus, weil die Kolumbianer sich darauf beschränkten, ihnen bei ihren Bemühungen anerkennend zuzusehen. Zweimal schauten sie allerdings ganz weg, doch Völler rutschte nach Reuters Direktpaß mit zu geringem Tempo in den Ball (13.), um Higuita überwinden zu können.

Oben: Thomas Häßler spielte in der Begegnung gegen Kolumbien zwar etwas besser – seine Normalform erreichte er aber nicht. In der 86. Minute mußte er Olaf Thon Platz machen.

Unten: Kickender Schauspieler Carlos Valderrama: Er ließ sich „verletzt" vom Platz tragen und kam gleich darauf „wie neu" ins Spiel zurück.

Gruppe D

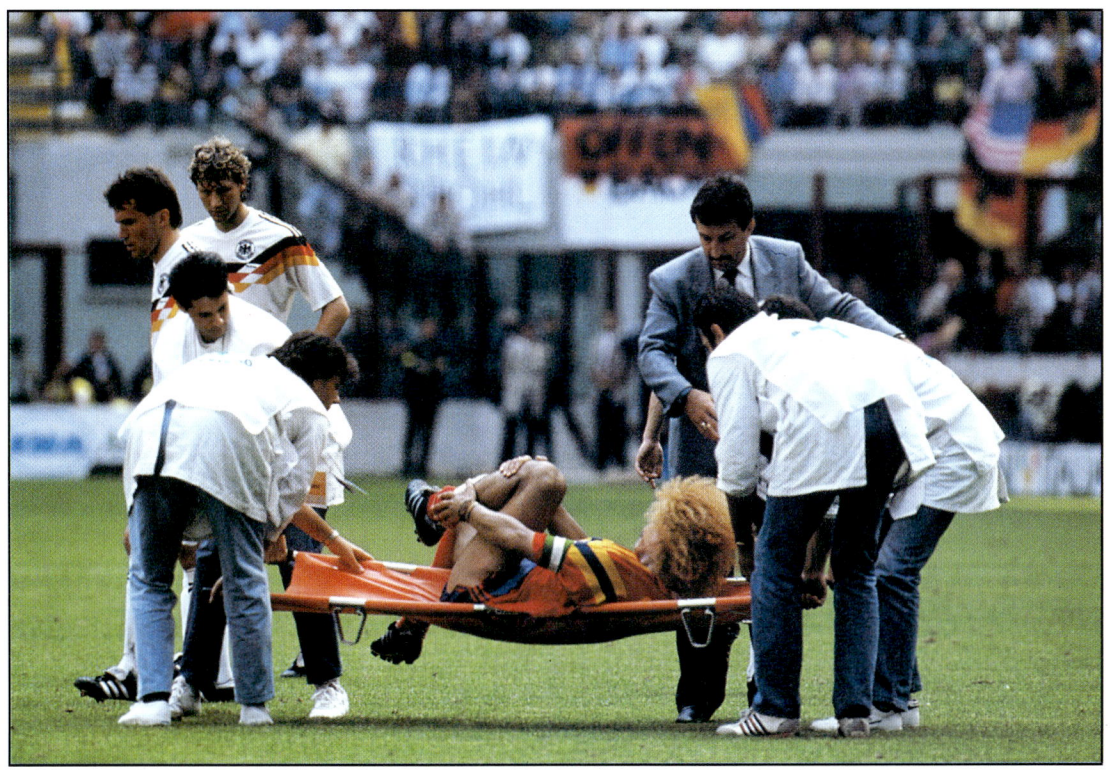

Vorrunde

Auch Klinsmann gelang dies nicht mit einem Heber aus halbrechter Position, den der Torhüter im Rückwärtssprung aus dem Winkel fischte.

Aber es war dann eine erhebliche Überraschung für die Deutschen, als die Südamerikaner nach 20 Minuten wie auf Kommando plötzlich ihre Qualitäten entgegensetzten. Die Vierer-Abwehrkette, elastisch wie ein Gummistrumpf, drängte die beiden DFB-Angreifer zurück, weit hinaus aus der Gefahrenzone. Und wenn sie doch einmal in den Strafraum vorstießen, pfiff sie in und nach der Regel meist ein Abseitsträller von Referee Snoddy zurück. Zudem rückten die Mittelfeldspieler nur selten nach, so daß Völler und Klinsmann sich nach Einzelkämpfermanier durch die dschungeldichte Deckung schlagen mußten. Ihrerseits tanzten die technisch versierten Kolumbianer mitunter durch den deutschen Eichenwald wie eine Schar von Trolls um Mitternacht. Zur Pause hätten sie durchaus führen können.

Nach dem Wechsel hatten die Anstrengungen der Südamerikaner nur noch das Ziel, das torlose Remis und somit die Qualifikation für das Achtelfinale zu sichern. Ein Unterfangen, das ihnen die Deutschen unfreiwillig und erheblich erleichterten durch Einfallslosigkeit und fehlende Intuition; und Unachtsamkeit in der Abwehr, die Estrada mutterseelenallein auf Schlußmann Illgner zulaufen ließ (54.), der sich jedoch auf der Höhe der Situation zeigte.

Als schließlich noch „Pflügler raus" – Sprechchöre durch das Giuseppe-Meazza-Stadion tönten, schien die Partie vollends zu versanden, doch in der letzten Viertelstunde verschärften die Deutschen noch einmal ein wenig das Tempo. Gegen die Südamerikaner taten sich gegen Ende doch noch einige gute Möglichkeiten auf. Lothar Matthäus ging es nach Paß von Reuter zu perfektionistisch an und lupfte die Kugel über Higuita, um Millimeter zu hoch freilich, der Ball senkte sich auf den Querbalken (75.). Der rastlose Rudi wühlte sich zornig durch die kolumbianische Versammlung vor dem Strafraum und verfehlte mit einem kraftvollen Schuß das Tor nur knapp (83.). Für seine Energieleistung erhielt Völler späten Lohn: Ein weiteres Mal hatte er sich gegen mehrere Kontrahenten durchgesetzt und den Ball fein in den Lauf von Littbarski gelegt, der mit sattem Abschluß in den oberen Torwinkel das 1:0 (89.) besorgte.

Und als die deutschen Akteure sich wohl schon hinter der Bühne wähnten, schlug Freddy Rincon „das wichtigste Kapitel in der kolumbianischen Fußballgeschichte" (Trainer Francesco Maturana) auf. Mit einer Steilvorlage Valderramas rannte er ähnlich einsam wie zuvor der Kollege Estrada auf Illgner zu und tat in diesem Augenblick das vermutlich einzig Richtige: „Ich hab' einfach draufgehalten" – zwischen den Beinen des deutschen Torwarts hindurch ins Netz zum 1:1-Ausgleich (92.).

Rechts: Pierre Littbarski kam nach der Halbzeitpause für Uwe Bein und erzielte das einzige Tor der deutschen Mannschaft. Das war in der 89. Minute...

Rechte Seite: ...drei Minuten später hatte Freddy Rincon Grund zum Jubeln: Er erzielte den Ausgleich zum 1:1-Endstand – durch die Beine Bodo Illgners.

Gruppe D

Vorrunde

Gruppe D

Nur scheinbar fest im Griff hatte Hans Pflügler den „blonden Gullit" Carlos Valderrama, nicht nur seiner angeblich naturfarbenen Haarpracht wegen eine der auffälligsten Erscheinungen bei der WM in Italien. Die Begegnung Deutschland gegen Kolumbien endete 1:1 – ein heilsamer Warnschuß für Beckenbauers Team auf halbem Weg ins Finale...

Vorrunde

Gruppe E

Spanien – Uruguay 0:0

"TIGER", TAKTIKER UND GROSSE TÖNE

In dieser an Transparenten reichen Fußball-Weltmeisterschaft sollte den Spaniern getreu landestypischer Tradition vor dem ersten Spiel gegen Uruguay noch einmal ins Gedächtnis gerufen werden, wie sie ihr Land zu vertreten hatten. In der Arena von Udine hing es Schwarz auf Weiß, umrahmt von einer rot-gelben Banderole: „Toros Club, Forza. España. Y Olé." Was wohl soviel heißen sollte wie: Mit dem Mut und der Kraft des Stieres zum Ruhme Spaniens. Die Aufmunterung zeitigte keinen Erfolg. Am Ende stellte sich die Frage nach dem munteren Gekicke mit bescheidenem Ausgang (0:0): Bauch rein, Brust raus, wo ist der Stier? Wenig war zu sehen an diesem Tag von der spielerischen Potenz des spanischen Fußballs, der ja immerhin zu den besten Europas zählt. Die beiden Aushängeschilder des Landes, Real Madrid und CF Barcelona, liefern schon lange nicht mehr das Spielermaterial, das allerhöchsten Ansprüchen genügen könnte. Vor der WM lamentierten die Fachleute schon darüber, daß der Torschützenkönig der spanischen Liga, Hugo Sanchez, dummerweise Mexikaner ist und nicht Spanier, und als es endlich zur Sache ging in der Gruppe E, war schnell offenkundig, daß dies auch berechtigt war. Butragueño (Madrid) nur noch ein Schatten früherer Tage (z. B. jener von Mexiko 1986, als er im Achtelfinale die Dänen mit vier Toren beinahe im Alleingang erschoß), von Manolo, der zweiten Sturmspitze, war nichts zu sehen. „Wenn es im Angriff läuft, dann sind wir dabei", hatte Trainer Luis Suarez vor dem Turnier angekündigt. Ja, wenn… Aber es war nicht allein die Schuld der Spanier, daß diese Partie mit der von England gegen Irland (1:1) aus der Gruppe F um die zweifelhafte Ehre konkurrierte, die schlechteste der Vorrunde dieser Gruppe gewesen zu sein. Auch Uruguay, durch die Ergebnisse der Vorbereitungsphase (Finalist bei der Copa America nach Siegen über Argentinien und Paraguay, 3:3 in Stuttgart im Spiel gegen die Mannschaft des Deutschen Fußball-Bundes) in trügerischer Selbstüberschätzung selbsternannter Geheimfavorit des Turniers, leistete seinen unrühmlichen Beitrag. Und schon schnell hatten beide Teams offenbart, daß zwischen Anspruch und Wirklichkeit oftmals eine große Lücke klafft. Beispiel gefällig: „Wir werden die Leute in Italien mit positivem und erfolgreichem Fußball überzeugen" (Mittelfeldspieler Francescoli). Erfolgreich? Nächstes Beispiel gefällig: In der zweiten Halbzeit drosch Ruben Sosa einen Elfmeter derart über das Tor, daß sich selbst der kommentierende Fernsehreporter fragte, ob der Mann von Lazio Rom die Höhe des Stadions ausmessen wollte.

Belgien – Südkorea 2:0 (0:0)

Blieben die Belgier. Aber was konnte von denen schon erwartet werden? Jedesmal tauchen sie auf, ohne daß jemand etwas von ihnen weiß, spulen kühl und konzentriert ihr Programm herunter und sind hernach wieder verschwunden. So erreichten sie 1980 bei der Europameisterschaft das Finale, 1986 bei der Weltmeisterschaft das Halbfinale. Und keiner weiß so recht, woher sie ihre unbestreitbaren fußballerischen Vorzüge beziehen, da ein Großteil ihrer tragenden Akteure ihren Dienst im Ausland versehen und vor dieser WM sogar noch heftiger Unmut aufkam innerhalb der Mannschaft, weshalb noch flugs Trainer

Belgiens Star Enzo Scifo gibt hier dem Südkoreaner Joo-Sung Kim im Sprung das Nachsehen. Scifo gehörte zu den herausragenden Spielern der Vorrunde.

Vorrunde

Walter Meeuws von Altmeister Guy Thys abgelöst wurde.

Doch zunächst einmal wurde ihnen keine allzu große Aufgabe gestellt. Gegen Südkorea entledigten sich die Belgier ihrer Favoritenrolle ohne besonderen Glanz, wenngleich erfolgreich. Degryse und de Wolf trafen nach der Halbzeit, der Rest war Routine. Einzig bemerkenswert war letztlich bloß noch das Auftreten von Spielmacher Enzo Scifo, einem Spieler italienischer Abstammung, der nach vielen Höhen und Tiefen nunmehr die Zeit der Reife erreicht hat. Der Junge ist ein Juwel, nur merkte man es bislang zu selten. Ein Frühreifer, genial im Fuß und wirr im Kopf. Sein Abstieg über Inter Mailand und Girondins Bordeaux führte ihn zum französischen Provinzklub AJ Auxerre. Unter Meeuws war er auf das Abstellgleis geraten, Thys machte ihn wieder zum Mittelpunkt des Spiels. Der erste gelungene Schachzug des gewieften Taktierers, der seinen Ruhestand noch einmal unterbrochen hatte zum Vorteil des belgischen Fußballs.

Spanien – Südkorea 3:1 (1:1)

Manchmal ist es gar nicht so einfach, eine Formation zu finden, die der Mannschaft zum Vorteil gereicht. Was prasselte nicht alles an Kritik über die Spanier herein nach dem 0:0 gegen Uruguay. Und im Mittelpunkt die Zielscheibe der Anfeindungen: Real Madrids Mittelfeldstratege Michel. Einer der bestbezahlten Fußballer des Landes, ein Idol, Liebling der Massen. Einmal versagt, alles vorbei. Es gab Querelen mit der heimischen Presse, Suarez in die Enge getrieben, bei einem weiteren Mißerfolg hätte er sicherlich zur Disposition gestanden. Nach dem Spiel gegen Südkorea nicht mehr. Und wer rettete Suarez den Kopf und sein eigenes Ansehen? Michel. Drei Tore, 3:1 gewonnen. „Gott sei Dank habe ich mich nicht nach den Journalisten gerichtet und Michel wieder aufgestellt", sagte Suarez hinterher. Und schon sah die Welt wieder rosiger aus. Suarez: „Jetzt können wir endlich befreiter aufspielen, der Druck ist weg."

Ein neues Kapitel ruhmreichen spanischen Fußballs mußte deswegen aber noch lange nicht geschrieben werden. In der zweiten Halbzeit der Partie erlebten die 32733 Zuschauer in Udine zwar eine passable Vorstellung der Spanier (nach dem zwischenzeitlichen Ausgleichstreffer für Südkorea durch Kwan Hwangbo), aber vieles blieb dem Zufall überlassen, erst ein herrliches Freistoßtor von Michel zähmte die Fußballer aus dem fußballspezifisch als Entwicklungsland zu bezeichnenden Südkorea, die zuhause respektvoll „die Tiger" genannt werden. Deren Probleme bestanden wohl nicht nur darin, daß sie wegen Verletzungen auf vier Stammspieler verzichten mußten, sondern auch, daß die Asiaten sich mit Europäern ohnehin schwertun. Trainer Hoe-Taik Lee sagte vieldeutig: „Die Europäer sehen aus wie Wassertropfen – alle gleich.

Gruppe E

Und wie soll der Koreaner auch einen Völler von einem Klinsmann, einen Baggio von einem Donadoni unterscheiden?" Hätten sie doch besser auf die Rückennummer geachtet. Michel trug die 21.

Belgien – Uruguay 3:1 (2:0)

Ein anderer Akteur, der bei den Spielen der Gruppe E noch für Furore sorgen sollte, trug die 11: Jan Ceulemans, Belgiens alter, kampferprobter Kämpe vom FC Brügge. Der hatte eine harte Zeit hinter sich, ehe er im Spiel gegen Uruguay von Beginn an auflaufen durfte. Thys hatte ihn in einem Vorbereitungsspiel zur WM auf die Ersatzbank zurückversetzt, eine Maßnahme, die dem Mann mit den vielen Meriten gar nicht paßte. Trotzig gab er kund, er müsse sich genau überlegen, ob er überhaupt nach Italien fahren solle. Des Zerwürfnisses erster Teil. Der zweite stand kurz bevor, doch gegen Südkorea durfte Ceulemans in der zweiten Hälfte mitmachen, spielte gut, und gegen Uruguay schlug seine große Stunde. Geführt vom alten Routinier, landeten die Belgier ihren zweiten Sieg, und Ceulemans hatte seinen Anteil. 14. Spielminute: Uruguay verliert den Ball am Strafraum der Belgier, Ceulemans erhält ihn am Mittelkreis, Paß auf de Wolf, Flanke auf Clijsters, Kopfball, Tor, 1:0. Das 3:0 erzielte Ceulemans selbst, Scifo traf mit einem sehenswerten Schuß zwischendurch: Konterfußball feinster belgischer Prägung. Scifo suchte die verwirrenden Wege, Ceulemans die einfachen, und zusammenfassend konnte man ein Bild prägen für die gefährliche Vorgehensweise der Belgier: Mit der Arglist fleischfressender Pflanzen machen sie ihre Gegner zu Opfern; zeigen die angenehmsten Seiten, ziehen sich zurück in die eigene Hälfte und gewähren dem Gegner den Blick auf das verlockende Ziel. Wenn dieser unvorsichtig wird, sich zu weit vorwagt, schnappt die Falle zu. Ehe sich die mit großartigen Technikern bestückte Elf Uruguays versah, war es zu spät.

Oben: Spaniens Emilio Butragueño tritt an und läßt seine Kontrahenten aus Uruguay nahezu stehen. Dennoch, das Spiel ging torlos aus.

Unten: Komm in meine Arme – Torhüter Michel Preud'homme aus Belgien bei der Arbeit.

Vorrunde

Belgien – Spanien 1:2 (1:2)

Aber jedes System hat seine Schwächen. Auf seiten der Belgier jene, daß es nur funktioniert, solange die Mannschaft nicht genötigt wird, selbst die Initiative zu ergreifen. Wer erinnerte sich in diesem Zusammenhang vor dem Spiel der Belgier gegen Spanien nicht an die WM 1986 in Mexiko, Viertelfinale, gleiche Paarung. Damals retteten sich die Belgier mit ihrem Spiel in die Verlängerung und gewannen das Elfmeterschießen. Auch diesmal wieder kam einem Elfmeter größere Bedeutung zu. Michel verwandelte ihn in der 29. Spielminute und erzielte damit schon seinen vierten Treffer bei dieser WM. Zwar gelang den Belgiern der Ausgleich, doch wiederum die Spanier schlugen Profit aus einer Nachlässigkeit der Belgier vor der Halbzeit: 2:1 durch Gorriz, gleichzeitig der Endstand. Danach boten beide Teams noch Ansehnliches, ohne allerdings den Eindruck zu erwecken, sie legten es darauf an, mit letzter Konsequenz zu Werke zu gehen.

Wozu auch, die Qualifikation für das Achtelfinale war erreicht! Und wem es mißfallen sollte, daß den Mannschaften diese Freiheit gestattet ist, der sollte sich an den Fußball-Weltverband FIFA wenden, der mit dem Modus und dem aufgeblähten Spielbetrieb von 24 Teams Spiele ermöglicht, die keine Bedeutung mehr haben. Oder etwa doch? Letztlich hätte sich die Niederlage für die Belgier sogar als Vorteil erweisen können. Einen angenehmen Gegner im Achtelfinale aufgrund Taktierens zu erreichen, ist ja auch nicht verboten.

Südkorea – Uruguay 0:1 (0:0)

Was alles erlaubt ist, stand für Uruguays Mannschaft vor der letzten Begegnung mit Südkorea überhaupt nicht mehr zur Debatte. Eher, daß sich vornehme Zurückhaltung ausnahmslos verbot. Ein Sieg war notwendig geworden für den selbsternannten Mitfavoriten aus Südamerika. Doch für die Kik-

*Linke Seite oben:
Zwei der belgischen
„Roten Teufel" beim
„Mauern": Enzo Scifo
(links) und Mark Emmers.*

*Linke Seite unten:
Mit diesem Schuß zum 3:0
machte Jan Ceulemans
alles klar im Spiel Belgien
gegen Uruguay. Der eine
Gegentreffer diente nur
mehr der Ergebnis-
kosmetik.*

*Oben: Nach dem Sieg
gegen Uruguay mußte
Belgien im letzten Spiel
der Gruppe F gegen
Spanien eine Niederlage
hinnehmen. (Ceulemans im
Zweikampf mit Andreinu.)*

*Folgende Seiten: Kraft-
volle Aktion aus dem
Spiel Belgien – Spanien.*

ker vom Rio de la Plata bewahrheitete sich einmal mehr, was Spieler Alzamendi in Erinnerung an die Weltmeisterschaft von 1986 schon vorher gesagt hatte. „Das Übel Uruguays ist, daß wir leiden müssen, um uns für das Achtelfinale zu qualifizieren." Damals war das Leid schon groß, ehe die Mannschaft als Schlechtester aller Drittplazierten (2:4 Punkte) noch die nächste Runde erreichte, diesmal war es fast noch schlimmer. Die letzte Spielminute lief, und Uruguay war trotz zweier Pfostenschüsse und mancher Vorteile ausgeschieden. Doch dann kam die Rettung in höchster Not. Der eingewechselte Fonseca traf per Kopf nach einem Freistoß ins Netz. Die Elf von Oscar W. Tabarez, der vor Beginn des Turniers noch getönt hatte („Belgien und wir – diese beiden werden sicher die zweite Runde erreichen"), feierte, Zuschauer und Presse wandten sich enttäuscht ab. Große Töne vorher, Minimalistentum nachher.

Vorrunde

Gruppe E

Vorrunde

England – Irland 1:1 (1:0)

SCHWÄCHEN IN DER „STÄRKSTEN" GRUPPE

Träge und trüb hingen die grauen Wolken über Sardinien, Regen, nichts als Regen. Schwermut mußte den Betrachter ergreifen im sonst sonnigen Italien. Und als hätten es sich die Fußballer von den Britischen Inseln zur Aufgabe gemacht, den Naturgewalten Tribut zu zollen, begann ein Fußballspiel, das erste der Gruppe F bei dieser Fußball-Weltmeisterschaft, das Eingang finden wird in dessen Annalen als Beispiel für den Anachronismus, der das Mutterland des Fußballs mittlerweile begleitet. Mittelfeldspieler Bryan Robson, den sein Trainer Bobby Robson als „einen der drei besten Fußballer der Welt" bezeichnet, brachte es auf einen treffenden Nenner: „Es war, als ob wir in England gespielt hätten." Wie auch sonst? Selbst die meisten Iren verdienen ihr Geld in der ersten englischen Division und das Wetter paßte. So wurde eine Partie ausgetragen nach Art der Bullterrier: kläffend, beißend, unermüdlich. Auf Fußball übertragen: Herb und ohne Feingefühl wurde gegen den Ball getreten, der von Strafraum zu Strafraum segelte, vom Winde verweht und, wenn er den Boden berührte, meist in übler Weise malträtiert wurde. Und am Horizont zuckten grell die Blitze – aus Zorn vermutlich. Die Londoner Zeitung *Daily Mail* sprach bezeichnenderweise von einer „WM-Horrorshow". Kick-and-Rush nennt

Ägypten blamierte die Niederlande und ließ die Mannschaft um Gullit und van Basten schlecht aussehen. Hier „Hussam" Hassan Hussein beim Schuß auf das Tor.

Gruppe F

Vorrunde

man es auch noch, und außer in Liverpool, Manchester und London will so was kaum jemand sehen. Am Ende stand ein standesgemäßes 1:1 und die Gewißheit, daß die Briten wie die Iren die Entwicklung des modernen Fußballs verschlafen hatten, in Beibehaltung ihres verknöcherten Systems. So gingen die Tore von Lineker (9. Spielminute für England) und Sheedy (73.) unter in der brachialen Mißhandlung von Spielgerät und gegnerischen Schienbeinen. Keine Spielkultur, keine Finesse, Kampf auf Biegen und Brechen. Sie hätten bestimmte Erfahrungen nicht gemacht, bekannte Trainer Robson. Folge aus der Verbannung aus den Europapokalwettbewerben nach den grauenhaften Vorfällen beim Landesmeisterfinale 1985 in Brüssel zwischen Liverpool und Juventus Turin, wo 39 Menschen zu Tode kamen? Was danach kommen sollte, zeichnete sich scheinbar ab. Die Iren sollten den WM-Neuling Ägypten erbarmungslos übers Feld hetzen und die Engländer eine Lehrstunde erhalten vom Europameister Niederlande, der 1988 ein ausgefeiltes System von Dynamik und Finesse auf dem Fußballfeld praktizierte.

Niederlande – Ägypten 1:1 (0:0)

Wie schnell doch die Zeiten sich ändern. Die Niederlande, der Triumphator, gegen Ägypten, den Lehrling? Nach dem Spiel mußte sich der Trainer der Afrikaner, Mahmoud El Gohary, die Frage stellen lassen, wie er sich erklären könne, daß die Niederländer so schwach waren. Er hätte das auch als Beleidigung auffassen können, denn damit wurde eine Würdigung der Leistung seiner Spieler fast ausgeschlossen. Das 1:1 (nach Treffern des eingewechselten Kieft für die Niederlande und Abdel Ghani per Foulelfmeter) war mit Sicherheit nicht das gerechte Ergebnis des Spiels, in dem sich der Außenseiter zuhauf Chancen erspielte, alle vergab und den Sieg leichtfertig verschenkte. Und plötzlich sprach keiner mehr vom Europameister Niederlande, bei dem die großen Stars versagten. Gullit nach fast einjähriger Pause und mehreren Meniskusoperationen verunsichert, keine Spur von früherem Glanz, Torjäger van Basten ohne Bindung zum Spiel, Vorstopper Rijkaard, der dritte aus dem Trio des Europapokalsiegers der Landesmeister, AC Mailand, wirkungslos, Libero Ronald Koeman von CF Barcelona unbeweglich, statisch, ein schmuckloser Handwerker mit groben Zügen. Im Vergleich dazu die Ägypter: leichtfüßig, ballgewandt, geschickt in Raumaufteilung und Spielanlage. Eine Entwicklung, die überraschte. Nicht Dietrich Weise, ehedem beim Deutschen Fußball-Bund für den Nachwuchs zuständig und zuletzt in Ägypten bei EL Ahly Kairo tätig. Die arrivierten Nationen dächten immer noch, in Ägypten würde nach veralteten Methoden gearbeitet, „dabei wird dort sehr konzentriert vorgegangen, mit Tempo und Taktik können sie schon gut Schritt halten." Die Afrikaner haben von Europa gelernt, El Gohary sogar in der Vorbereitung auf Spiele gegen Mannschaften des schwarzen Kontinents und Arabiens verzichtet, weil „wir von denen nichts mehr lernen können". Nunmehr könne Afrika sich durchaus mit Europa messen, meint Weise. Algerien, Marokko, Nigeria

Gruppe F

oder Sambia seien ähnlich stark wie Ägypten, und hatte nicht Kamerun in der Gruppe B alle eines Besseren belehrt? Und was lernt der gedemütigte Favorit aus einer Schlappe?

Bondscoach Leo Beenhakker sagte, es gäbe keine Probleme mit seiner Mannschaft: „Wir waren halt einfach schlecht heute."

Niederlande – England 0:0

Keine Probleme, von wegen. Aber Beenhakker wußte schon, warum er die Wahrheit nicht preisgab. Schließlich war er in allerlei Zwist vor und während der WM verstrickt. Erst kurz vor dem Turnier für den ungeliebten Vorgänger Libregts verpflichtet, geriet er schnell in die Schußlinie der Kritik. Die etablierten Spieler (van Basten, Gullit, Rijkaard, Koeman) waren mit seiner Personalpolitik nicht einverstanden, das niederländische Idol Johan Cruyff (den sich die Spieler als Nachfolger für Libregts gewünscht hatten) bemängelte seinen Sachverstand und die Taktik der Mannschaft, und *Voetbal international* sprach deutlich aus, was es von den Qualitäten des mondänen Beenhakker (früher Trainer bei Real Madrid) hielt: „Ein sprechender Luftballon." Im Hintergrund mischte der Betreuer der Europameistermannschaft von 1988, Rinus Michels, kräftig mit. Als Technischer Berater und Supervisor des Verbandes schien er sich eher zu weiden an den Problemen der Mannschaft, denn um deren Beseitigung bemüht zu sein. Schließlich habe er, sagte van Basten, die Verpflichtung Cruyffs hintertrieben, weil Mutmaßungen zufolge Michels eine Einschränkung seiner Machtposition befürchtet habe. Michels nannte van Basten „einen Lügner", die Mannschaft erklärte Michels für überflüssig, jeder redete Beenhakker in seine Arbeit rein. Alles wie gehabt. Denn Unruhe herrschte bei den Niederländern schon vor der WM 1974 und 1978. Beide Male erreichten sie das Finale. Doch dazu sollte es allem Anschein diesmal nicht kommen. Das 0:0 gegen die Engländer war wiederum als glücklich zu bezeichnen, zu-

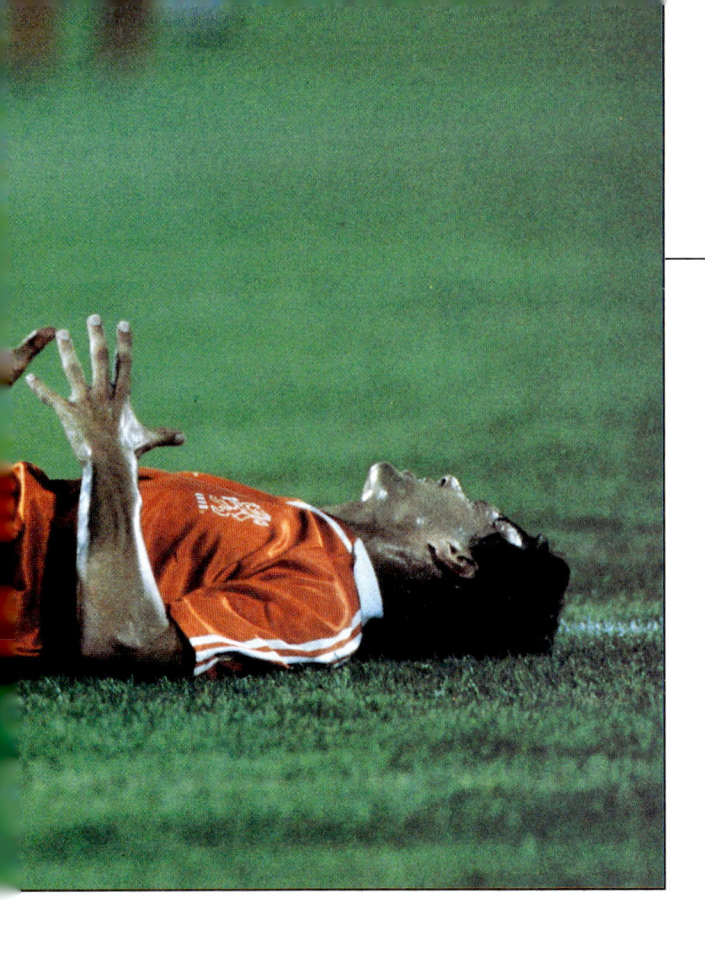

Oben: Marco van Basten in Rückenlage – der Niederländer fand in der Vorrunde nie zu seiner Form.

Darunter: Die Anspannung: Leo Beenhakker, Hollands Trainer auf Zeit – nur für die WM engagiert –, beobachtet das Gekicke seiner Mannschaft gegen die Ägypter.

Vorrunde

84

Gruppe F

mal Gary Lineker, der Torschützenkönig der WM von Mexiko, drei hochkarätige Chancen vergab, Stuart Pearce in der letzten Minute sogar ins Tor getroffen hatte und Libero Koeman dachte: „So, jetzt kannst du nach Hause fahren." Er durfte bleiben. Indirekter Freistoß war angezeigt, Pearce trat den Ball direkt ins Tor, ungültig. Und damit begann die Zeit der Rechnerei in der Gruppe F nach drei Unentschieden in Folge.

Irland – Ägypten 0:0

Dem dritten Streich folgte zu allem Überfluß der vierte. Nach dem 0:0 zwischen Irland und Ägypten packten die Trainer schon einmal zur Sicherheit den Taschenrechner ein. Gleichstand. Vier Teams, ein Tor, zwei Punkte. Dabei hätte alles gar nicht so weit kommen müssen, wie die Experten feststellten. Allen voran Jacky Charlton, der einzige Engländer, den die Iren gern haben, weil er mit der Fußballauswahl

*Linke Seite oben:
fröhliche Niederländerin
beim Spiel gegen England.*

*Linke Seite unten: (Noch)
völlig ungewohnt in
unseren Breiten, ein Hauch
von Tausendundeiner
Nacht im Fußballstadion.
Die Dame aus Ägypten
ist offensichtlich mit dem
Spiel ihrer Mannschaft
zufrieden.*

*Links: Wenn doch alle
Marinesoldaten
ausschließlich so eingesetzt
würden! Die Mannschaft
des ägyptischen Schiffes
„Aida" im „Dienst".*

Vorrunde

nach schönen Erfolgen erstmals die WM-Teilnahme erreichte. Weil er seine Elf zu einem 1:0 über das verhaßte England bei der EM 1988 führte, dessentwegen daheim in Dublin der Pastor die Messe unterbrach und die kürzeste Predigt seines Lebens hielt mit den Worten: „Irland hat England geschlagen." „Big Jack" Charlton, der knochige Hüne aus Newcastle, in seiner aktiven Zeit zwar 1966 Weltmeister, aber immer im Schatten seines genialen Bruders Bobby, litt. In der Deckung räumten Ramzi und Yakan auf, vorne traute sich keiner – und die Iren wußten nicht mehr ein noch aus. Und letztlich konnte Charltons Selbsterkenntnis aus einer aktiven Zeit stellvertretend für das Spiel gelten: „Ich habe immer nur die anderen am Fußballspielen gehindert." Ausgerechnet die Ägypter praktizierten das nun, und die Iren erweckten den Anschein, als könnten auch sie nichts anderes.

England – Ägypten 1:0 (0:0)

Irgendwie erweckten sämtliche Begegnungen dieser vor Beginn der WM als einer der spielerisch stärksten eingestuften Gruppe den Eindruck, als seien die Fähigkeiten der Spieler außergewöhnlich beschränkt. Oder wie anders ließe sich erklären, daß England nur per Kopfball nach Freistoß von Gascoigne durch Wright zum Erfolg kam (wobei Torhüter Shoubeir schon tüchtig mithelfen mußte) und sich damit den Gruppensieg sicherte, ansonsten aber nur Phantasielosigkeit zu bieten hatte? Wie ließe es sich erklären, daß die Ägypter den Eindruck erweckten, als wollten sie bis zwanzig Minuten vor Schluß des Spiels (in denen die Engländer mit Glück und Geschick den Ausgleich vermeiden konnten) die knappe Niederlage gegen den ehemaligen Fußball-Lehrmeister als Erfolg verbuchen und darüber hinaus kein Risiko eingehen? Es hat keine berauschenden Spiele gegeben auf Sizilien und Sardinien in der Gruppe F, lediglich Bangen bis zum Schluß. Was einer besonderen Erwähnung würdig war, ließ sich reduzieren auf eine erfreuliche und etliche unerfreuliche Begebenheiten. Englands Torhüter Peter Shilton (mit 40 Jahren ältester WM-Teilnehmer) bestritt gegen die Ägypter sein 121. Länderspiel und überflügelte damit den früheren Rekordhalter Pat Jennings (Nordirland/119 Länderspiele). Soweit das Positive. Negative Schlagzeilen produzierten Englands Fans nach dem Spiel gegen die Niederlande, als es zu Auseinandersetzungen zwischen militanten britischen Fans (Hooligans) und der Polizei kam, was selbst schärfste Sicherheitsmaßnahmen, ein Alkoholverbot und der Einsatz von 12 000 Sicherheitsbeamten nicht verhindern konnten. Es gab Verletzte, darunter zwei Carabinieri, sowie 30 Verhaftungen.

Niederlande – Irland 1:1 (0:0)

Am Schluß war man in Cagliari und Palermo froh, daß der Fußballtroß und seine Anhänger (schließlich zählen auch die Fans der Niederländer zu den gefürchtetsten Schlägern) weiterzog. Wohin, das sollte bis zum Schluß ungewiß bleiben. Denn ein weiteres Unentschieden sorgte für ein Novum in der Geschichte von Fußball-Weltmeisterschaften. Erstmals mußte gelost werden, um die Achtelfinal-Begegnungen zu bestimmen. Nach dem 1:1 (Tore von Gullit für die Niederlande und McQuinn für Irland) waren Irland und die Niederlande punkt- und torgleich, dem Griff in die Lostrommel zufolge trafen die Niederländer auf das DFB-Team.

In einem spannenden Kampfspiel hatte Ruud Gullit sein Team bereits in der 11. Minute gegen Irland in Führung gebracht. Eine Stunde lang konnten danach die Holländer dem Sturmlauf der Irländer standhalten, bevor Quinn für den verdienten Ausgleich sorgte.

Gruppe F

Achtelfinale

Achtelfinale

Mailand

Deutschland – Holland	(0:0) 2:1

Bari

ČSFR – Costa Rica	(1:0) 4:1

Bologna

England – Belgien	(0:0) 1:0 n.V.

Neapel

Kamerun – Kolumbien	(0:0) 2:1 n.V.

Rom

Italien – Uruguay	(0:0) 2:0

Genua

Irland – Rumänien	(0:0) 5:4 n. Elfm.

Verona

Spanien – Jugoslawien	(1:1) 1:2 n.V.

Turin

Brasilien – Argentinien	(0:0) 0:1

Achtelfinale

Kamerun – Kolumbien 2:1 n.V. (0:0)

EIN KNÜLLER NAMENS MILLER

Des Lebens seltsame Wege: Albert Roger Miller hat sie durchschritten und fand ausgerechnet in Italien das Tor zum großen Glück. Der Stürmer aus Kamerun war schon vor acht Jahren einer der Stars in seinem Team, doch bei den Titelkämpfen in Spanien schied er mit seiner Mannschaft aus, obwohl kein Spiel verloren wurde. Miller war 30 Jahre alt damals, erhielt auch prompt ein Angebot von AS St. Etienne. Später wechselte er nach Montpellier, zuletzt allerdings kickte er auf der Ferieninsel La Réunion im Indischen Ozean unter lauter Amateuren. Es war gemütlich, mit 30 Jahren hat man als Fußballspieler auch keine sonderlich großen Ambitionen mehr. Miller hatte sich mit der sportlichen Rente abgefunden, nicht aber Kameruns Staatspräsident Paul Biya, der sich an Miller erinnerte vor der Weltmeisterschaft in Italien. Biya drückte ihn gegen den Willen des sowjetischen Trainers Valeri Nepomniachi in die Mannschaft, und Albert Roger Miller bedankte sich: Der älteste Feldspieler in Italien schoß Kamerun mit zwei Treffern gegen Kolumbien ins Viertelfinale. Die vor diesem Spiel aufgestellte Statistik, nach der Kamerun die erste afrikanische Mannschaft in der 60jährigen WM-Geschichte war, die das Achtelfinale erreicht hatte, mußte erneuert werden. Kamerun setzte gleich noch einen drauf und unterstrich damit die Forderung Afrikas nach drei Plätzen bei künftigen Weltmeisterschaften.

Miller, 38 Jahre und kein bißchen langsam. „Ich hoffe, die Präsidenten der großen Vereine Frankreichs haben meine Tore gesehen", sagte Kameruns Mittelstürmer, der freilich stets mit Bedacht eingesetzt wird. Er kommt frühestens nach der Pause, was ganz in seinem Sinne ist, wenngleich auch Albert Roger Miller während der regulären Spielzeit gegen Kolumbien nicht sonderlich aufregend spielte. Mit nur einem Torschuß schreckte er Higuita, den kolumbianischen Torhüter. Überhaupt hatte Kamerun nur zwei Torchancen in diesen 90 Minuten, ein paar mehr wenigstens Kolumbien. Vor allem Sekunden vor dem Seitenwechsel hatten die Afrikaner Glück bei einem Pfostenschuß von Rincon. Beide Mannschaften hatten sich sehr früh schon an den Gedanken gewöhnen können, die Entscheidung zu suchen bei einem späteren Elfmeterschießen. Valderrama, dem so hochgelobten Mittelfeldregisseur Kolumbiens, gelang es nie, die Leitung dieser Partie an sich zu ziehen, und Kamerun spielte Schlafwagen-Fußball, war fast ausschließlich darauf aus, das Spiel der Kolumbianer zu zerstören. Aber mit dieser Taktik hatten die Afrikaner schon in der Vorrunde Erfolg. Der Gegner wird eingelullt, und plötzlich erwachen die schwarzen Löwen und zeigen ihre Krallen. In der 106. Minute war es soweit. Albert Roger Miller vergaß sein Alter, sprintete los wie ein Springinsfeld, trickste die kolumbianischen Abwehrspieler aus und überwand mit einem plazierten Schuß Higuita.

Vergessen waren mit einem Schlag die quälenden eineinhalb Stunden Fußball vorher, der Zauber des Glücks erfaßte die Zuschauer in Neapel, die Kamerun in ihr Herz geschlossen haben, nachdem Argentinien mit Maradona einen Ortswechsel vornehmen mußte, denn Kamerun war ja Gruppensieger geworden. Aber Miller war noch nicht am Ende. Und bei seinem zweiten Tor half ihm wohl auch seine Routine, verbunden mit dem untrüglichen Instinkt eines cleveren Torjägers. René Higuita, der kolumbianische Schlußmann mit dem Hang zu weiten Ausflügen, wurde von Miller nach allen Regeln der Kunst vorgeführt. Miller jagte Higuita den Ball etwa 40 Meter vor dem Tor ab, lief wieselflink davon und schob ihn seelenruhig zum zweiten Treffer für Kamerun ins Netz. Spätestens zu diesem Zeitpunkt war Jaunde, die Hauptstadt Kameruns, Mittelpunkt eines gigantischen Festes. Ein französischer Rundfunkreporter

Kamerun – Kolumbien

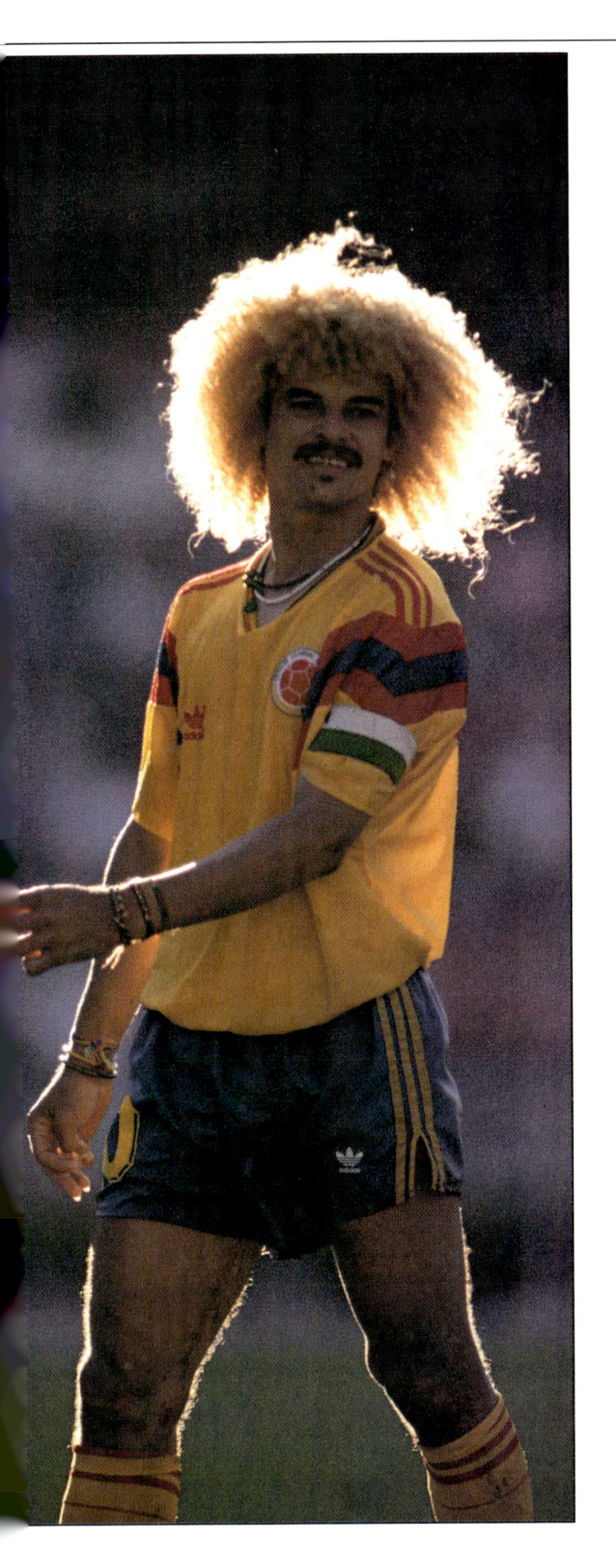

meldete mit kreischender Stimme, kaum verständlich, inmitten jubelnder und singender Fans, daß die Nacht heiß werde in Kamerun, „sehr, sehr heiß". Dann brach die Leitung zusammen, wahrscheinlich haben Millers Landsleute zu Hause den Treffer der Kolumbianer gar nicht mehr registriert. Er fiel vier Minuten vor Schluß, viel zu spät, um noch eine Wende herbeizuführen.

Armer Higuita. Er vor allem litt unter der Niederlage im Achtelfinale. Kolumbiens Torhüter hatte für viel Furore gesorgt bei dieser Weltmeisterschaft. Er war mit 1,74 m nicht nur der kleinste seiner Zunft, mit seiner Haarpracht nicht nur der auffälligste: René Higuita zeigte, daß Torhüter auch anders spielen können, daß sie ihren Aktionsradius weit über den Strafraum hinaus ausdehnen können. Der Kolumbianer, den sie früher in der Heimat „El loco" nannten, den Verrückten, interpretierte die Rolle des Torhüters neu und verschaffte sich dadurch Respekt. „Der imponiert mir", sagte zum Beispiel Franz Beckenbauer. Dino Zoff hielt die Debatte über Higuitas Rolle sogar für überflüssig. „Die Leute glauben, das sei Show, in Wirklichkeit ist es moderner Fußball." Max Merkel hingegen schlug vor, diesen Torhüter am Pfosten festzubinden, aber Merkel hat vielleicht immer noch nicht die leidvollen Erfahrungen mit Petar Radenkovic aus seinen Tagen bei „1860"

Carlos Valderrama, Kolumbiens glänzendem Lockenkopf, gelang es im Spiel gegen Kamerun nie, die Leitung der Partie an sich zu ziehen. Die Afrikaner lullten ihren Gegner regelrecht ein, um dann mit Miller zweimal trocken zuzuschlagen. Das 2:1 durch Redin war nur Ergebniskosmetik.

Achtelfinale

überwunden. Die unterschiedliche Einschätzung drückte immerhin aus, daß Higuitas Part diskutiert wurde, und möglicherweise hätte er bald Nachahmer gefunden, wenn da nicht die Sache mit Albert Roger Miller gewesen wäre. Higuitas Spiel birgt große Risiken. Nur ein Fehler im Feld, und der Schaden ist unabwendbar. Wie gegen Kamerun. Higuita war auf dem Weg, ein Held zu werden in Kolumbien. Er wird damit noch warten müssen, aber er ist ja noch jung, 24 Jahre erst. Albert Roger Miller weiß, daß Wunder länger dauern. Und Miller wird zudem in die Geschichte der Weltmeisterschaften eingehen. Er ist der älteste Spieler, der je bei einer WM-Endrunde ein Tor erzielt hat. Den bisherigen Rekord hielt der Schwede Gren, der 1958 im Alter von 37 Jahren im WM-Halbfinale beim 3:1 Schwedens über Deutschland ein Tor schoß. Ein Tor. Miller hatte bis zum Viertelfinale bereits vier erzielt und meinte selbstbewußt nach dem Sieg gegen Kolumbien, daß Kamerun diese WM nicht nur durch einen Nebeneingang verlassen werde, sondern durch den Haupteingang, der sich ja bekanntlich in Rom befindet, wo das Finale ausgetragen wird. Roger Miller wäre vor Beginn der Titelkämpfe noch belächelt worden nach so einer Aussage. Doch das Lachen über die Afrikaner ist in Italien vielen vergangen, jetzt lachen die Spieler aus Kamerun, und auch das kann keiner so gut wie Miller.

Sein Verteidiger (Andrés Escobar) liegt schon geschlagen am Boden, da schlüpft Torwart René Higuita in die Rolle des elften Feldspielers und klärt vor Kameruns Stürmer Omam-Biyik. Solange es gut ging, hatte Higuita die Bewunderer auf seiner Seite – ein Fehler, und die bis dahin gezeigten Leistungen waren vergessen.

93

Achtelfinale
ČSFR – Costa Rica 4:1 (1:0)

DAS KOPFBALL-FEST DES TOMAS SKUHRAVY

Einer an den Strand gespülten Auster, die sich langsam öffnet, gleicht das Stadion von Bari, weit draußen vor der Stadt brutal in eine karge Landschaft gesetzt. Dort hat sich am 23. Juni die Mannschaft aus der ČSFR mit einem 4:1-Sieg über das unerwartet so weit gelangte Team aus Costa Rica für das Achtelfinale qualifiziert. Nur ein paar Minuten lang schien es, als könnten die Mittelamerikaner das drohende Schicksal abwenden. Gonzales war es in der 55. Spielminute gelungen, per Kopfball zum 1:1 auszugleichen. Den aufkeimenden Widerstand brach Skuhravy mit seinem Treffer zum 2:1. „Mehr Respekt als nötig", rügte Venglos, habe seine Mannschaft gezeigt vor den körperlich klar unterlegenen Costaricanern, in deren Tor Barrantes den verletzten Conejo vertrat.

Die Tschechen und Slowaken spielten lange Zeit alles andere als überzeugend, vor allem in der Abwehr wurden Schwächen deutlich. Das lag aber nicht so sehr an Libero Kocian und dem Mittelverteidiger Straka, beide in der Bundesliga tätig, sondern an mangelnder Bereitschaft der Mittelfeldspieler, Lücken zu schließen. Die rügte der Trainer mit dem Hinweis: „Wenn Abwehrschwächen auftreten, muß man die Schuld nicht immer bei den Verteidigern suchen." Beeindruckend war Linksfüßler Moravcik im rechten Mittelfeld, Knoflicek schien als Angreifer auf Kilometergeldbasis beschäftigt, und Skuhravy war mit ihm gut bedient. In der 81. Minute erzielte der Mittelstürmer alter Schule sein drittes Kopfballtor gegen Costa Rica zum 4:1-Endstand und ging mit insgesamt fünf Treffern auf der WM-Torschützenliste in Führung.

Klar, daß Venglos gefragt wurde, ob er seine Mannschaft lieber gegen Niederländer oder Bundesdeutsche würde spielen sehen; als ob er sich's hätte aussuchen können. Vorsichtshalber hat der Trainer mal beide gelobt und zu Favoriten erhoben. Aber Vorsicht: „Wir werden uns erst mal erholen, und ich glaube, daß wir dann die Chance wahrnehmen werden." Venglos blieb mit seinem Team bis Mittwoch in Bisceglia nahe Bari, wo seine Fußballer nach dem Spiel mit ihren Frauen und Freundinnen feierten. Da ist vermutlich mancher gelobt worden, der kräftigen Aufbesserung des Haushaltsgelds wegen. Für das Erreichen des Viertelfinales hatte der Verband seinen 22 WM-Teilnehmern 20 Prozent der bislang eingespielten 3,2 Millionen Mark, also rund 29000 Mark pro Kopf, in Aussicht gestellt…

Ein bißchen was kriegen auch die Halbprofis aus Costa Rica ab, denen Trainer Bora Milutinovic bestätigte, sie hätten „unserem Volk eine Freude bereitet". Selbstbewußt fuhr er fort: „Für uns war das Vordringen ins Achtelfinale ein riesiger Erfolg. Zum ersten Male haben wir dabei Schottland sowie Schweden geschlagen und gegen Brasilien nur hauchdünn verloren. Uns fehlte heute natürlich unser Torhüter Conejo. Nicht, daß sein junger Vertreter Barrantes gravierende Fehler begangen hätte. Aber die Mannschaft ging doch mit Angst auf den Platz, weil Conejo fehlte, der toll gehalten hat und zum moralischen Rückhalt geworden war. Die Schulterverletzung war nicht so schnell auszukurieren." Aber so sei das nun mal: „Der Traum ist zu Ende, das Leben geht weiter." Für ihn in Mexiko, wo er seine zweite Heimat gefunden hat und eine andere Arbeit annehmen wird. Dem mittelgroßen Herrn im dunkelblauen Anzug, der sich bescheiden im Hintergrund hielt, gefielen diese Worte. Er zierte sich nicht, als er ans Mikrophon gebeten wurde. „Wir dürfen

Sie wehrten sich verbissen und kunstfertig, wie hier Hector Marchena beim Scherenschlag, aber gegen die Elf aus der ČSFR hatten sie nie eine reelle Chance: die Spieler aus Costa Rica.

nicht vergessen", sprach Oscar Arias, der ehemalige Staatspräsident und Träger des Friedensnobelpreises, „wir sind ein kleines, armes Land. Unsere Spieler müssen auch arbeiten, um in Würde leben zu können". Arias weiter: „Es ist ein Menschenrecht, Fußballfan zu sein." Er macht davon regen Gebrauch, hat alle vier Spiele seiner Landsleute in Italien gesehen und denkt überhaupt nicht daran, sich deshalb zu genieren.

Achtelfinale

Einmarsch der „Gladiatoren" ins Mailänder Giuseppe-Meazza-Stadion. Die Partie Deutschland gegen Holland wurde, wie erwartet, eine dramatische Auseinandersetzung, die mit einem hochverdienten 2:1-Sieg für die deutsche Mannschaft endete. Die Revanche für den Sieg von Gullit, van Basten & Co. bei der Europameisterschaft 1988 war gelungen.

Deutschland – Holland

Achtelfinale
Deutschland – Holland 2:1 (0:0)

JÜRGEN KLINSMANNS MAGISCHER ABEND

Jürgen Klinsmann ist in vielerlei Hinsicht ein typischer Vertreter der neuen, jungen Generation. Erfolgsorientiert, aufgeschlossen, ein wenig eigenwillig, selbstbewußt. Aber eines ist Jürgen Klinsmann gewiß nicht: gefühlsduselig, zu Pathos neigend. Erschöpft bis in die letzte Faser seines Körpers, jedoch breit grinsend saß er nun da im nüchtern-funktionalen Pressesaal des Mailänder Giuseppe-Meazza-Stadions und gab einen Blick frei in den hintersten Winkel seiner Seele, da wo halt doch ein bißchen Sentimentalität und Tränenseligkeit sitzen. Als er einmal drei Treffer für seinen Klub Inter Mailand in Verona erzielt hatte, habe ihn ein italienischer Journalist gefragt, wem er denn diese Tore widmen würde. „Da habe ich geantwortet, das finde ich lächerlich, peinlich. Heute aber sage ich, das Tor widme ich meinem Kumpel Rudi Völler", dieses wohl entscheidende 1:0 im erbitterten Ringkampf des Achtelfinales gegen Holland. In dem kalten Großraum machte sich ein Hauch von Rührseligkeit breit, und wenn einer nur den Anfang gemacht hätte, wäre das internationale Auditorium in donnernden Applaus ausgebrochen.

Deutschland – Niederlande, ein Fußballklassiker, der, wie die bisweilen tumbe Fußballsprache sagt, unter anderen Gesetzen steht als andere Begegnungen. Selbst für Jürgen Klinsmann („Das war kein normales Länderspiel für mich, das war das schönste bisher in meiner Karriere") hatte dieses Match eine besondere Bedeutung, weil es geprägt war von einer außergewöhnlichen Vorgeschichte. Ein Blick in die Annalen des Deutschen Fußball-Bundes zeigt unter dem Datum des 21. Juni 1988 nur ein nacktes Ergebnis: 1:2 in Hamburg. Doch hinter der Statistik verbirgt sich ein deutsches Trauma, eine, wie Franz Beckenbauer und seine Leu-

Deutschland – Holland

Bilder dieser Szenen gingen um die Fußball-Welt: Frank Rijkaard zettelt Zoff mit Rudi Völler an – zunächst verbal.

Dann wurde die Geschichte schmerzhafter für den Wahl-Römer Völler, denn nun langte Rijkaard nach Ohr und Haaren seines Kontrahenten.

Unverständlicher Ausgang dieser Tätlichkeiten: beide Spieler wurden zum Duschen geschickt, obwohl Völlers Rolle rein passiv war.

Achtelfinale

te glaubten, furchtbare Demütigung. Für die andere, die orangefarbene Seite Hollands schloß dieser knappe Sieg den Moment tiefster Genugtuung ein, die Befriedigung darüber, dem Erzrivalen endlich einmal eins ausgewischt zu haben. Nach jenem denkwürdigen Spiel von Hamburg wurden die Gullits, van Bastens und Rijkaards Europameister, aber das war vielleicht zweitrangig. Torhüter Hans van Breukelen drückte damals stellvertretend für einen nicht unbeträchtlichen Teil seiner Landsleute aus, was ihn in der Stunde dieses Triumphes bewegte: Das sei die Rache für den Schrecken und Terror, den die Deutschen während des Zweiten Weltkrieges in Holland verbreitet hätten. Und alte Mütterchen sagten vor den Fernsehkameras, nun sei endlich das 45 Jahre alte Unrecht getilgt, das die Besatzer begangen hätten, indem sie ihr Damenfahrrad aus dem Hühnerstall requirierten. Wie lebendig die Antipathie war, bewies der exzellente Libero und Elfmeterschütze Ronald Koeman, der das arglos eingetauschte Trikot seines Gegenspielers Olaf Thon zum Gesäß führte und mit einer eindeutigen Geste seine Verachtung gegenüber den deutschen „Moffen" zeigte. Dies alles mag mit Fußball wenig zu tun haben, ist jedoch Ausfluß einer bitteren Vergangenheit, die zwischen beiden Völkern steht. Und es stützt die These jener Leute, die behaupten, Sport sei nichts anderes als Krieg mit anderen Mitteln.

Unter diesen Vorzeichen brachte der Zufall ausgerechnet die beiden verbissenen Gegner zusammen. Nach dem ersten

Die Spieler beider Mannschaften ersparten sich nichts. Hier nimmt Klaus Augenthaler den Begriff vom „Manndecker" reichlich wörtlich. Der „Unterlegene": Aron Winter von Ajax Amsterdam.

101

Achtelfinale

Schock über das harte Los, das Fortuna über die beiden Mannschaften nach der Vorrunde gefällt hatte, kochte schon weinige Stunden später der emotionale Dampf wieder auf. Rudi Völler, der Mittelstürmer, meinte mit mühsam gezügeltem Rachsinn in der Stimme: „Auf diesen Tag habe ich zwei Jahre lang gewartet. Nichts wäre schöner, als die Holländer nach Hause zu schicken. Ich weiß noch gut, was sich in Hamburg zugetragen hat. Das vergesse ich nicht."

Völlers Auftritt im Giuseppe-Meazza-Stadion währte dann lediglich 22 Minuten, was jedoch nichts daran änderte, daß letztlich er derjenige war, der „diesmal was zum Lachen hat, nicht immer nur die Holländer". Denn die traten in der Tat am Tag danach den Rückflug nach Amsterdam an. Und da hatten sie den Schuldigen für ihre 1:2-Niederlage längst ausgemacht, Frank Rijkaard vom AC Milan, Rudi Völlers Kontrahent in jener Szene nach nicht einmal einem Viertel der Spielzeit in der brütenden Hitze Mailands: Der Oranje-Vorstopper hatte Völler an der linken Seite, weitab vom eigenen Tor, auf rüde Weise von den Beinen geholt, was Schiedsrichter Juan C. Loustau (Argentinien) zu Recht mit der gelben Karte ahndete. Als die beiden Spieler sich Seite an Seite vom Tatort entfernten, spuckte Rijkaard den für Rom spielenden Kollegen erstmals an. Sekunden darauf ging Völler einem Steilpaß nach, stürmte auf van Breukelen zu und hatte in diesem Moment möglicherweise einen unfairen Angriff auf den Schlußmann im Hinterkopf, zog im letzten Moment aber die Knie an den Leib, um den Torhüter nicht zu berühren. Dieser vermeintliche Angriff ließ Rijkaard ausrasten. Er bedrohte den am Boden Liegenden und spie ihn erneut an. Logischerweise stellte ihn der Referee deswegen vom Platz, zog im nächsten Augenblick jedoch noch einmal die rote Karte und hielt sie dem völlig verdutzten Rudi Völler unter die Nase. Beim Abgang der beiden Streithähne betätigte sich Frank Rijkaard ein drittes Mal als menschliches Lama.

Ihm galt später Franz Beckenbauers begreiflicher Zorn („Meine Achtung vor Rijkaard ist auf den Nullpunkt gesunken"), vor allem aber dem schwarzen Mann aus Argentinien: „Der hat wohl gedacht, er ist bei einem Schafkopf- oder Skat-Turnier, einen solchen Kartensalat hat er angerichtet. Diese WM wird zu einer Karnevalsveranstaltung, wenn man diesen Schiedsrichtern nicht Einhalt gebietet." Die Fehlentscheidung Loustaus blieb nicht die einzige. Am Ende eines Thrillers voller Leidenschaft trällerte er bei einer harmlosen Körperberührung zwischen Jürgen Kohler und seinem Gegenspieler Marco van Basten, einen Meter vor dem Strafraum, plötzlich Elfmeter. Den verwandelte Koeman zwar sicher zum Anschlußtreffer, doch zu diesem Zeitpunkt war die Lage längst geklärt.

Denn die Deutschen lagen 2:0 in Führung, angesichts einer Vielzahl von Tormöglichkeiten von Buchwald, Matthäus, Littbarski, Klinsmann und Riedle ein fast mageres Resultat. Nur anfangs hatten die Niederländer zweimal durch Aaron Winter Bodo Illgners Kasten bedroht, dann war ständig Holland in Not. Eine erstaunliche Entwicklung dieser Partie, weil Beckenbauers Taktik von der ursprünglichen offensiven Linie abgekommen war. Statt zu stürmen wie in der Vorrunde, stellte der Teamchef gleich sechs Leute mit Abwehrqualitäten auf: Reuter, Brehme, Kohler, Augenthaler, Buchwald und Berthold. Gegen diese Wagenburg aus Menschenleibern, die Beckenbauer verschämt als „etwas konservativere Einstellung" beschrieb, standen die orangenen Angreifer Ruud Gullit und Marco van Basten auf verlorenem Posten. Andererseits aber entwickelte etwa der als steif und unbeholfen abqualifizierte Stuttgarter Buchwald ungeahnte Stürmerfähigkeiten. Kurz vor der Halbzeit prüfte er van Breukelen schon mit einem deftigen Volleyschuß. Sechs Minuten nach der Pause aber glaubten die 75 000 ihren Augen nicht zu trauen,

Links: Jürgen Klinsmann machte ein Riesenspiel. Hier entwischt er einmal mehr dem niederländischen Abwehrspieler Ronald Koeman.

Oben: Klinsmann war es auch, der das hochverdiente 1:0 nach maßgeschneiderter Vorlage von Buchwald erzielte.

als „Diego", wie Buchwald scherzhaft genannt wird, mit einem doppelten „Übersteiger" an der linken Außenseite einen holländischen Verteidiger zweimal ins Leere laufen ließ und das Leder anschließend millimetergenau auf Jürgen Klinsmanns linken Fuß servierte, von wo der Ball zum hochverdienten 1:0 in die Maschen flog.

Im Verbund mit dem erneut kaum zu haltenden Lothar Matthäus, dem abgeklär-

Achtelfinale

104

Deutschland – Holland

ten Linksverteidiger Andreas Brehme und dem trickreichen Pierre Littbarski trieb der bislang stets unterschätzte Buchwald immer wieder das Spiel der Deutschen an. Und meistens landete der Ball dort, wo er ohnehin am besten aufgehoben war an diesem Tag: bei Jürgen Klinsmann, dessen artistische Sololäufe die gesamte holländische Deckung völlig aus den Fugen geraten ließen. Der Marathonmann in der Sturmspitze konnte einem fast leid tun, wenn seine Kollegen ihn immer wieder mit Steilpässen auf lange Reisen schickten. „Ich habe ihn noch nie so engagiert gesehen", lobte der Teamchef. In der Tat hat der blonde Sonnyboy vielleicht die beste Leistung eines Angreifers im schwarz-weißen Trikot des DFB seit vielen, vielen Jahren vollbracht. „Klinsmanns magischer Abend", schrieb die italienische Zeitung *Corriere dello Sport*. Als Beckenbauer nach 79 Minuten endlich ein Einsehen hatte und den ausgelaugten Dauerläufer zwecks Auswechslung an den Spielfeldrand beorderte, hatte der Star von Inter Mailand alle Mühe, sich bis zur Spielerbank zu schleppen, wo er, von Krämpfen geplagt, regelrecht zusammensank.

Von dort erlebte er, wie sich sein Nachfolger Karl-Heinz Riedle nahtlos einreihte, und von dort sah er Andreas Brehmes kunstvollen Bogenschuß von der linken Strafraumgrenze halbhoch in die rechte Torecke zum 2:0 (85.). Das Strafstoßgeschenk, das der diesmal schwache Ronald Koeman (89.) dankbar annahm, war nur noch Ergebniskosmetik. Mit dem Abpfiff lagen sich sämtliche deutschen Spieler in den Armen, bis auf einen: Jürgen Klinsmann feierte im Mittelkreis mit dem vorbildlichen Sportler Ruud Gullit Verbrüderung. Nicht nur diese Geste nahm wohl den letzten Rest Gift aus der Fehde. Auch Frank Rijkaard, den Rudi Völler im übrigen für einen der „sympathischeren, korrekteren Gegenspieler" in der italienischen Liga hält, trug sein Scherflein zur Entspannung der Situation bei: „Völler kann nichts dafür; was ihm widerfahren ist, ist völlig ungerecht." Selbst dieser Anwalt half dem unschuldigen Mittelstürmer nichts. Die Herren des Weltverbandes FIFA trauten weder ihren eigenen Augen noch denen der Fernsehkameras. Sie glaubten lieber den unzutreffenden Aussagen Herrn Loustaus und sperrten Völler für das Viertelfinale gegen die ČSFR. Rijkaards Strafe betrug drei Spiele, was ihn kaum berührt haben dürfte, weil die WM für ihn und seine holländischen Freunde ohnehin beendet war.

Franz Beckenbauer aber zog aus dieser Partie, die in ihrer Intensität und zitternden Dramatik an die gewaltigen WM-Schlachten von 1970 (Deutschland gegen Italien 3:4) und 1982 (Deutschland Sieger im Elfmeterschießen gegen Frankreich) erinnerte, höchst positive Schlüsse. „Es gibt nur eine Mannschaft, die uns schlagen kann – wir selbst." Dann nämlich, wenn Unkonzentriertheit und Überheblichkeit zum Spielmacher würden. Diese Mannschaft sei die beste, mit der er je, als Aktiver wie als Trainer, zu tun gehabt hätte, besser noch als die Weltmeister von 1974: „Weil diese harmonischer, in sich gefestigter ist als jede andere zuvor." Ruud Gullit war der tiefgreifende Wandel im deutschen Fußball nach der Nacht von Mailand ebenfalls nicht entgangen: „Die Deutschen arbeiten zwar immer noch viel auf dem Platz, aber sie haben inzwischen technische Fertigkeiten, das ist Beckenbauers Verdienst." Der Teamchef und seine Leute hatten einen weiteren Schritt getan in Richtung auf ihr großes Ziel: „Wir wollen unbedingt nach Rom", sagte Beckenbauer, so, als sei das längst beschlossene Sache.

Jürgen Kohler und Bodo Illgner bejubeln den Sieg über die Niederlande. Ein hartes Stück Arbeit liegt hinter ihnen, der Erfolg jedoch war unbestritten hochverdient.

Achtelfinale

Brasilien – Argentinien 0:1 (0:0)

EIN ZAUBERPASS GENÜGTE DEN BLAUWEISSEN

Der reinste Etikettenschwindel bis zu diesem Sonntag in Turin. Auf dem einen Schild stand: Hier kommt Brasilien, dreimaliger Weltmeister, Hüter der Fußballkunst, Hort der Begnadeten. Auf dem anderen: Vamos, Argentina; Titelverteidiger, williges Ensemble unter der Leitung eines genialen, dicklichen Dirigenten. Die Vorrunde aber hatte die Realität gezeigt. Zwar stand Brasilien unbesiegt mit 6:0 Punkten als Erster der Gruppe C da, doch die Fußballfreunde bejammerten den Verlust ihrer Kunst zugunsten nüchterner Erfolgskalkulation. Und die Argentinier, inklusive des formschwachen, lamentierenden Diego Maradona, hatten sich ohnehin nur ins Achtelfinale gemogelt, als Gruppendritter mit einem einzigen Sieg in der Vorrunde.

Ungebrochen waren Schwung und Spaß der brasilianischen Fans auf den Rängen des Stadion delle Alpi in Turin; sie breiteten ihre überdimensionale gelbgrüne Fahne aus und genossen die Wärme des Sommertages. Und endlich, endlich bekamen sie und die Welt eine brasilianische Mannschaft zu sehen, wie sie sich jeder Fußballfan wünscht. Der Auftakt, ein Solo von Careca schon nach rund 50 Sekunden, bei dem er erst am argentinischen Torhüter Goycochea scheiterte, stellte die Signale für eine stürmische und elegant kombinierende Mannschaft. Wie die Wellen auf den Sand der Copacabana rollte ein Angriff nach dem anderen auf das argentinische Tor zu, und Goycochea blieb kaum Zeit zum Luftholen. Ein geheimes Bündnis mit Pfosten und Latte ersparte ihm größeren Ärger. Zum ersten Mal profitierte der argentinische Torhüter davon in der 19. Minute, als ein Kopfball von Dunga am Querbalken landete. Auf der Tribüne wurden die Trommeln geschlagen. Kein Tor für Brasilien soweit, aber Geduld,

Brasilien – Argentinien

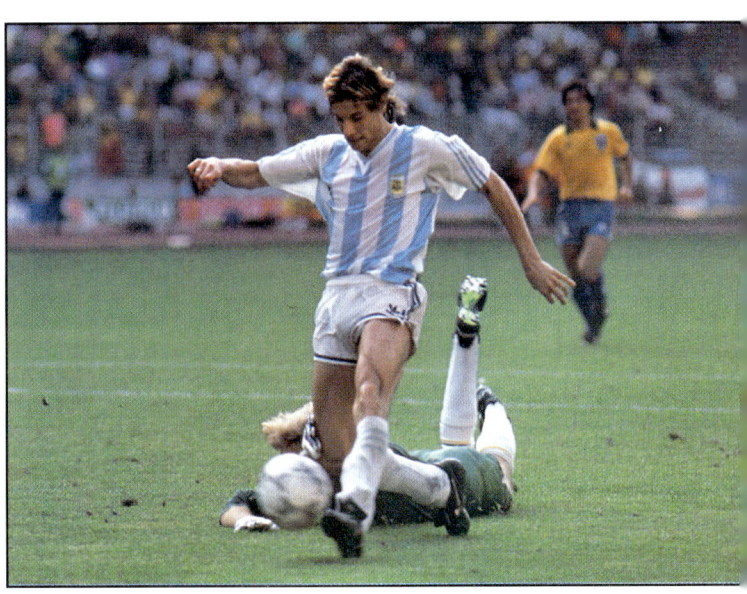

Oben: Die Sekunden, die einen Spielverlauf auf den Kopf stellten: Nach genialem Paß von Maradona nutzt Caniggia eiskalt seine Chance und überwindet Claudio Taffarel.

Links: Gehalten! Gegen Argentinien wurde Taffarel selten geprüft, beim 0:1 hatte er keine Chance.

Achtelfinale

Freunde, das schien nur eine Frage der Zeit. Eine schöne halbe Stunde lang währte der Wirbel der Brasilianer, und der einzige Landsmann, der weiter skeptisch blickte, war Trainer Sebastiao Lazaroni. Was nützte ihm die Überlegenheit seiner Mannen, solange es weiter 0:0 stand? Kollege Carlos Bilardo freilich hätte triftigeren Anlaß zur Nachdenklichkeit gehabt. Sein Team, das wurde in dieser 74. Auflage des südamerikanischen Prestigespiels erschreckend deutlich, war nichts weiter als eine Durchschnittstruppe in blau und weiß gestreiften Hemden. Und Diego Maradona? Er konnte einem fast leid tun. Mit einer Verletzung am linken Knöchel ins Spiel gegangen, war er auch diesmal wieder nicht im Vollbesitz seiner magischen Kräfte, und jeder Ballverlust seiner Mannschaft schien ihm wie eine traurige Geschichte ins Gesicht geschrieben zu sein. Die Pfiffe der Zuschauer, unter denen die Fans der Brasilianer deutlich sichtbar in der Mehrheit waren, taten ein übriges.

Gleich nach dem Wechsel rief Goycochea wieder seine Geister. Zunächst landete eine Flanke Carecas an der Latte, wenig später ein Distanzschuß von Alemao am Pfosten. Längst waren die neutralen unter den 61 000 Zuschauern im Stadion delle Alpi zu den Brasilianern übergelaufen, und nichts wünschten sie ihnen mehr als endlich die verdiente Führung. Doch dann kam der Moment, in dem all ihre Hoffnungen zerstört wurden, ganz kurz das Genie des Diego Maradona aufblitzte. Mit einem Zauberpaß an den Beinen mehrerer brasilianischer Abwehrspieler vorbei spielte er Claudio Caniggia frei. Auf den Knien liegend konnte Maradona beobachten, wie Caniggia sein Geschenk dankbar annahm, Torhüter Taffarel austrickste und zum 1:0 für Argentinien einschoß.

Der Schock war zu groß für die Brasilianer, als daß sie in den verbleibenden neun Minuten bis zum Schlußpfiff zu einer Reaktion fähig gewesen wären. Endlich hatten sie wirklich brasilianisch gespielt, doch nun war trotzdem alles vorbei. „Das ist Fußball", sagte der um Fassung bemühte Lazaroni, „manchmal macht er uns ganz traurig, so wie heute nach dieser unglücklichen Niederlage."

Carlos Bilardo blieb ganz kühl und übertrieb ein bißchen: „Unser Sieg war für mich keine Überraschung, denn wir haben in der Vorrunde nur 50 Prozent unserer Leistung gebracht." Und er setzte noch einen drauf: „Wir können wieder Weltmeister werden, davon bin ich überzeugt." An diesem Abend fand der Trainer nicht viele, die diese Meinung teilten, und wenn, dann waren es ausnahmslos Argentinier. Wie Staatspräsident Carlos Menem, der sich das Spiel im Regierungspalast „Casa Rósada" in Buenos Aires angesehen hatte. Gerechtigkeit hin, Gerechtigkeit her, Menem kommentierte kurz und blumig: „Tore sind wie die Liebe. Wir haben es gemacht und Punkt." Bleibt die Frage, wovon er mehr versteht: vom Fußball oder von der Liebe.

Oben: Und Diego Armando Maradona hatte doch noch Grund zum Jubeln: 1:0 für Argentinien, und Brasilien nach Hause geschickt.

Rechte Seite: Die Brasilianer berannten das Tor des Noch-Weltmeisters. Erstmals spielten sie so, wie man es von ihnen erwartet hatte – und verloren.

Argentinien – Brasilien

Achtelfinale

Irland – Rumänien (0:0), 5:4 n. Elfmeterschießen

BONNER UND DIE „HÄNDE GOTTES"

Dublin wirkt wie ausgestorben. In der sonst so geschäftigen Grafton-Fußgängerpassage schaut kein Mensch in irgendeines der Schaufenster. Alle Iren sind längst einem anderen, magnetischen Anziehungspunkt erlegen: Sie starren in ein Fernsehgerät, denn im weit entfernten Genua spielt bei 30 Grad und über 80 Prozent Luftfeuchtigkeit die irische Fußballmannschaft im Achtelfinale der Weltmeisterschaft gegen Rumänien. Sie hören nicht auf, die Feiertage für Irlands Fußballfans. Und einer ist schöner als der andere.

Was soll's, daß die irische Mannschaft ohne Sieg und lediglich mit zwei Treffern fast klammheimlich in das Achtelfinale zog, daß ihr Stil nicht sonderlich attraktiv ist? Schwamm drüber, Guinness runter, laßt uns singen, laßt uns träumen. Ireland, oh Ireland. David O'Leary ist einer der neuen Helden, einer der wenigen Spieler nicht nur mit irischen Vorfahren, sondern auch noch mit einem irischen Paß. Er ist schon 32, dieser O'Leary, war beinahe ein Jahrzehnt lang eine feste Größe im Nationalteam, wurde aber von Trainer Charlton zuletzt kaum noch berücksichtigt. Er kam nur als Reservist in den WM-Kader, saß in der Vorrunde nur auf der Ersatzbank. Gegen Rumänien verwandelte der Abwehrrecke den entscheidenden Elfmeter. „Ich hätte nicht in deiner Haut stecken mögen", sagte Jack Charlton später zu David O'Leary und sparte nicht mit Anerkennung.

Wegbereiter des irischen Erfolges war ein anderer, natürlich auch ein neuer Held: Torhüter Pat Bonner. Nachdem es 0:0 gestanden hatte auch nach der Verlängerung, mußte das erste Mal bei dieser Weltmeisterschaft (insgesamt war es die fünfte Entscheidung dieser Art bei einer WM) ein

Irland – Rumänien

Elfmeterschießen durchgeführt werden. Bonner hatte den fünften Strafstoß von Daniel Timofte gehalten, O'Leary dann verwandelt. Wohin mit all den Helden? „Es waren die Hände Gottes", schrieb die Zeitung *Irish Independent* über Torhüter Bonner, der seine Reaktion etwas nüchterner betrachtete. „Es war eine Ahnung, daß er in die linke Ecke schießen würde. Man darf sich nichts vormachen. Es ist Glück und nichts als Glück", sagte Bonner, der freilich bereits im Verlauf der Partie mehrmals zeigte, daß er sein Handwerk beherrscht. Natürlich waren die Rumänen um Gheorge Hagi die spielerisch bessere Mannschaft, natürlich lief bei ihnen der Ball sicherer durch die eigenen Reihen: Doch es fehlte der erfolgreiche Abschluß. Rumäniens Trainer Emerich Jenei suchte die Schuld am Ausscheiden („Wir wollten auf jeden Fall bis ins Halbfinale") trotzdem nicht bei seiner Elf. Er machte Irland dafür verantwortlich. „Was die Iren spielen, hat mit Fußball nichts zu tun, die sind nur hinten drin gestanden und haben die Bälle nach vorne gedroschen", schimpfte Jenei, der im Anschluß an die Niederlage sein Amt als Nationaltrainer niederlegte. Sollte Jack Charlton sauer sein ob der harschen Kritik? Keine Spur. Zum einen ließen die Iren mitunter sogar recht flotte Kombinationen aufblitzen, und außerdem sagte Charlton schon vorher, er hätte keine große Lust, sich mit seiner Mannschaft anzulügen. „Wir müssen das spielen, was wir können", pflegt Charlton stets zu sagen. Auch im Spiel gegen Rumänien zeigte seine Mannschaft die gewohnten Tugenden. Trotz der Hitze schufteten seine Spieler unerbittlich, kauften dem technisch besse-

Iosif Rotariu wird hier ein Bein gestellt – kennzeichnend für das Spiel, bei dem Rumänien nach Verlängerung und Elfmeterschießen Irland 4 : 5 unterlag.

Achtelfinale

ren Gegner den Schneid ab. Es kam den Iren nie darauf an, sich in Italien als Fußball-Künstler zu verkaufen. Sie blieben sich selber treu, und sie schafften sich viele neue Freunde. Die Unbekümmertheit des Außenseiters ist ihr Vorteil.

„Ich habe die Mannschaft selbst bestimmen lassen", erzählte Jack Charlton. „Wer sich sicher fühlte, sollte schießen." Er selbst sah nicht hin. Die Spannung des Elfmeterschießens war zuviel für die Nerven des 55jährigen, der, unablässig an seiner dicken Zigarre kauend, dem Geschehen den Rücken zudrehte. „Es ist grausam, aber ich bin stolz, daß wir es geschafft haben", meinte Jack Charlton, der Mann, der für die vielen Feiertage der Iren verantwortlich ist und der sich, obwohl Engländer, ganz als Ire fühlt. „Der Sieg mit England bei der Weltmeisterschaft 1966 war ein glorreicher Tag, aber dieser Sieg gegen Rumänien im Achtelfinale der Weltmeisterschaft ist noch schöner", sagte Charlton, der keine Probleme hat, sich den Gepflogenheiten seiner neuen Landsleute anzupassen. Nach dem Match genehmigte er sich ein paar Bierchen

Irland – Rumänien

Links: Pat Bonner bei der Arbeit – hier äußerst erfolgreich, denn mit diesem Satz erwischt er den Ball beim Elfmeterschießen gegen Rumänien und legt damit den Grundstein für den Sieg und das Weiterkommen, denn jetzt brauchte der Abwehr- und Ersatzspieler David O'Leary „nur" noch den nächsten Elfmeter zu verwandeln.

Unten: Und noch einmal der Held des Tages: Pat Bonner, hier bei dem angenehmsten Teil seiner Tätigkeit, dem verdienten Jubeln. Mit seiner Leistung sorgte er dafür, daß sein Coach, „Giraffe" Jack Charlton, weiter vom Endspiel träumen konnte und auf der anderen Seite die Rumänen enttäuscht vom Feld trotteten.

und versprach, darüber nachzudenken, „wie wir die Italiener schlagen können".

So mancher Rumäne fuhr übrigens nicht einmal ungern nach Hause. Die bürgerkriegsähnlichen Zustände, die Brutalität der Bergarbeiter, die zumindest geduldet, vermutlich sogar gestützt von der neuen Regierung, gegen Oppositionelle vorgingen, beschäftigte viele, die in Italien an der Fußball-Weltmeisterschaft teilnahmen. Die so lange ersehnte Freiheit steht erneut auf dem Spiel. Was ist dagegen ein Elfmeterschießen…

Achtelfinale

Italien – Uruguay 2:0 (0:0)

SERENAS GEBURTSTAGSPARTY

Was soll noch schiefgehen, wenn Azeglio Vicini weiterhin mit soviel Eingebung Spieler aus dem Team nimmt, andere dafür zum Zug kommen läßt? Genüßlich verwies der italienische Trainer nach dem erfolgreich überstandenem Achtelfinale (2:0-Sieg gegen Uruguay) darauf hin, daß es nicht das erste Mal gewesen sei, „daß wir mit Einwechslungen bisher verbesserte Leistungen erzielten". Er gab nach der Pause, es war exakt die 53. Minute, Aldo Serena von Inter Mailand das Kommando zum ersten Einsatz bei dieser Weltmeisterschaft. Berti wurde auf die Bank beordert, die Fachleute, von denen es in Italien nur so wimmelt, trauten ihren Augen wieder einmal nicht. Wieso nicht Vialli, wieso nicht Carnevale? Serena dafür. Vielleicht war es ein Geburtstagsgeschenk, denn er wurde 30 Jahre alt an diesem Tag. Vielleicht, und warum auch nicht? So etwas kann beflügeln. Vicini hoffte es jedenfalls, denn er war ehrlich genug zuzugeben, daß er sich in Zugzwang befand. „Wenn nichts mehr läuft", erläuterte der Trainer seine Taktik der Tauschzentrale, „dann muß man sich eben etwas einfallen lassen." Serena jedenfalls erwies sich des Vertrauens würdig, gab zu einem Tor die Vorlage, erzielte das zweite selbst. Vicini und mit ihm ganz Italien konnten aufatmen.

Wieder einmal sah sich Italien in Uruguay einer Mannschaft gegenüber, die, wie die Italiener früher, ihr Heil ausschließlich in der Defensive suchte. Eine „Versammlung von Zeitschindern", schimpften anderntags die Gazetten, doch Uruguays Trainer Oscar Washington Tabarez verteidigte seine Taktik. „Auf Angriff zu spielen, wäre selbstmörderisch gewesen. Wir konnten nur hoffen, daß die Zeit vergehen und die Italiener Fehler machen würden." Eine eigenartige Einstellung im Achtelfinale einer Mannschaft, doch Tabarez machte sich nichts vor. Seine Stars waren nicht in erhoffter Form, vor allem nicht diejenigen, die in Europa spielen: Enzo Francescoli (Olympique Marseille), Ruben Paz (FC Genua) und auch Ruben Sosa von Lazio Rom, der gegen Italien zunächst zuschauen mußte. Uruguay vertraute auf hartes, aggressives Forechecking, der Fehler, den Tabarez ansprach, kam auch zustande. De Napoli verschätzte sich bei einem Rückpaß, spielte den Ball in den Lauf von Pereira, der dann allerdings an Torwart Walter Zenga scheiterte. Nach dem Achtelfinale hatte Zenga 832 Minuten ohne Gegentor überstanden, der Angriff Uruguays war allerdings zu schwach, um diese Serie ernsthaft zu gefährden. Wenigstens war die Abwehrleistung der Südamerikaner weltmeisterschaftsreif, allen voran Torhüter Alvez, der glänzende Reflexe zeigte. Uruguay spielte diszipliniert, Italien hatte Probleme, den Abwehrriegel zu knacken. An allen Ekken und Enden wurde der verletzte Regisseur Roberto Donadoni vermißt, Carlo Ancelotti fehlte zudem als Ballschlepper und Antreiber aus dem Mittelfeld.

Möglicherweise wäre die Rechnung von Tabarez aufgegangen, hätte nicht Azeglio Vicini im Verlauf des Turniers einen neuen Star aus dem Ärmel gezogen: Salvatore Schillaci. Bereits in der ersten Minute versprach er mit einer artistischen Einlage, daß er nichts verlernt hatte seit den gewaltigen Auftritten in der Vorrunde. Er war der Spieler, der Uruguays Abwehr nie ruhen

Hier könnte sich Paolo Maldini (Italien) auf den Arm genommen fühlen. Dem Spielverlauf und dem Ergebnis entsprach diese Szene jedoch nicht, denn Italien gewann sicher mit 2:0.

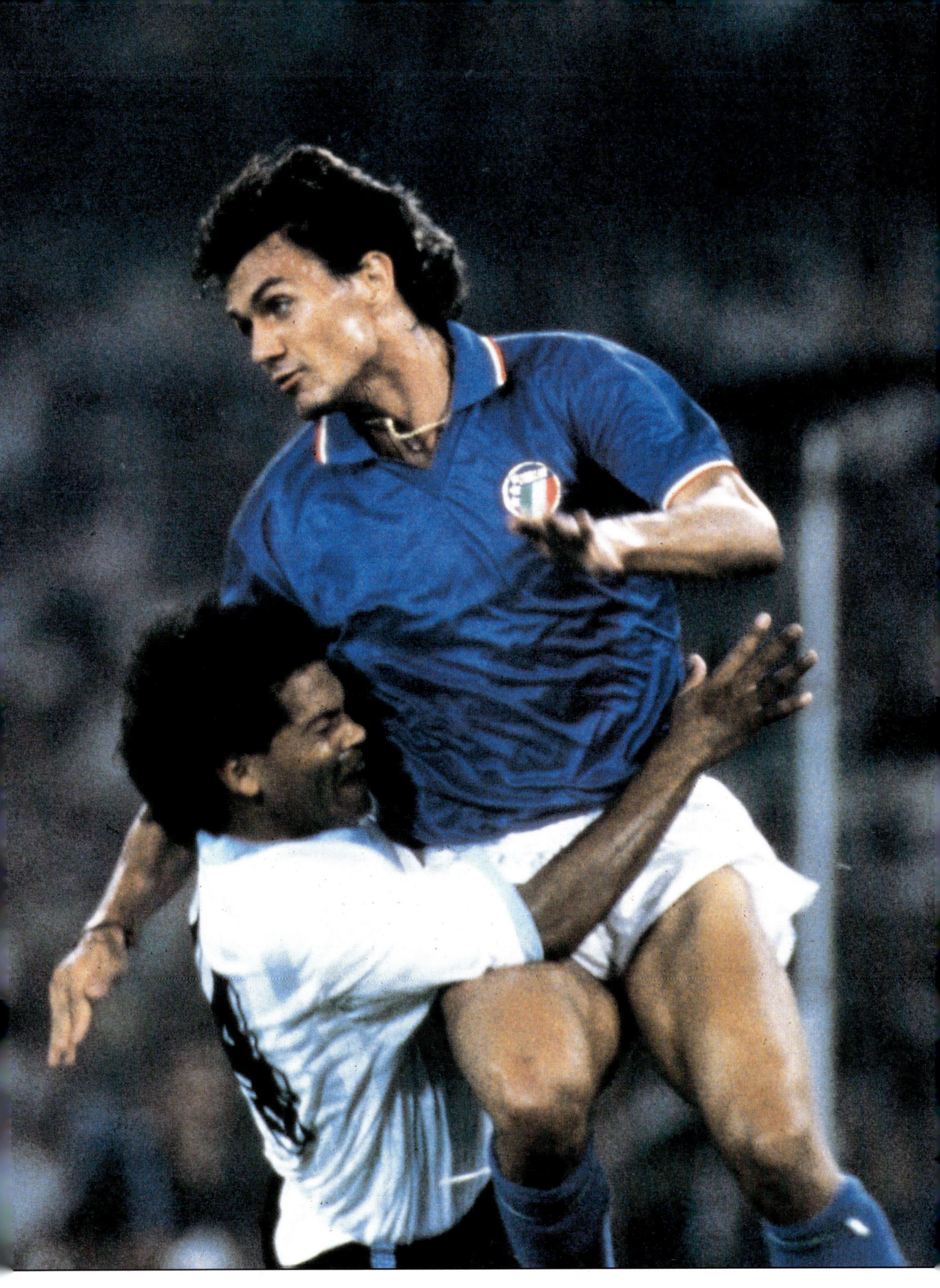

ließ. Es dauerte allerdings bis zur 65. Minute, ehe die Bemühungen des Schillaci von Erfolg gekrönt wurden. Es war eine Gemeinschaftsproduktion aller drei Stürmer. Roberto Baggio, der wie meistens bisher sehr weit hinter dem gegnerischen Strafraum agierte, schlenzte den Ball zu Serena, der spielte ihn zu Schillaci, und der schoß ihn aus vollem Lauf zur 1:0-Führung ins Netz. Es war fast eine tückische Bogenlampe, aber eine mit ungeheurer Wucht, typisch Schillaci eben, der sich nachher artig bei Aldo Serena für die Vorlage bedankte. „Schillaci hat unsere Pläne durchkreuzt", lamentierte Tabarez, der von der „Geschmeidigkeit, der Explosivität und dem außergewöhnlichen Reaktionsvermögen" des Sizilianers schwärmte. Für Oscar Washington Tabarez war Schillaci schon nach dem Achtelfinale „eine der herausragenden Figuren dieser Weltmeisterschaft". Als Italien 1982 in Spanien Weltmeister geworden war, lief auch Schillaci durch die Gassen seiner Heimatstadt Messina und schrie sich die Seele aus dem Leib: „Forza Italia, forza Italia!" Jetzt steht er dicht davor, bald so groß zu sein wie Paolo Rossi, ein ehemaliger Wunderstürmer und Torschütze im Finale damals gegen Deutschland. Schillaci steht dem Wirbel um sich etwas verloren gegenüber, Aldo Serena ist da schon professioneller. „Das war natürlich einer der schönsten Tage meiner Laufbahn", meinte er, „aber ich flippe deshalb nicht aus." Immerhin ging auch Uruguay nicht leer aus. Oscar Washington Tabarez, der sich nicht ganz zu Unrecht über Schiedsrichter George Courtney aus England ärgerte („Bei uns hat er jedes Foul gepfiffen, bei den Italienern nicht"), betrachtete die Niederlage gegen Italien als „wertvolle Bildungsmaßnahme". Er wird diese Erfahrung demnächst nicht verwerten können. Tabarez beendet seine Mission als Nationaltrainer von Uruguay, sein Kollege Azeglio Vicini hingegen darf weiterspielen auf der Tastatur der Ungewißheit. Er spürt, daß er mit seinen Eingebungen noch nicht am Ende sein darf. „Mit jedem kleinen, bescheidenen Schritt in Richtung unserer Träume wird die Verantwortung größer. Wir sind zum Siegen gezwungen." Aber er kann guten Mutes sein. Vicini präsentierte bisher ein Team, das auch nicht aus dem Tritt gerät, wenn Reservisten eingesetzt werden. Im Gegenteil: Nach Schillacis Treffer nahm er Baggio heraus, brachte den vielseitigen Abwehrspieler Pietro Vierchowod von Sampdoria Genua, um die Führung über die Runden zu bringen. Doch die Mannschaft machte eine Zugabe, schoß durch Serena ein zweites Tor.

Eine Art Unfolgsamkeit, die Vicini leichten Herzens tolerieren kann.

Großes Bild oben: *Hier darf er noch mitspielen, Roberto Baggio beim Freistoß. Nach dem 1:0 durch Schillaci wurde der Stürmer ausgewechselt.*

Darunter: *Nach dem Sieg – Walter Zenga jubelt rücklings.*

117

Achtelfinale

Spanien – Jugoslawien 1:2 (0:0) (1:1) n.V.

GENUSS-FUSSBALL BEI 40 GRAD

Das Rad läßt sich nicht mehr zurückdrehen, doch die Erinnerung ist noch so frisch, als wäre alles erst gestern passiert. Emilio Butragueño schoß bei den Titelkämpfen in Mexiko vor vier Jahren vier Tore gegen Dänemark. Sein früherer Team-Kollege bei Real Madrid, der Argentinier Valdano, schwärmte damals in den höchsten Tönen von ihm: „Wenn Emilio spielt, das ist, als gingen alle Lichter an." In Italien gingen sie aus. Butragueño schoß kein einziges Tor, Spanien, gestartet als Geheimfavorit, schied gegen Jugoslawien im Achtelfinale aus. „Es ist der schwärzeste Tag in meiner Karriere", gab Butragueño zu, wenngleich da einige Szenen waren, die ihm Mut machten für die Zukunft. „Wenn einmal nur der Ball ins Tor gegangen wäre, einmal nur, dann wäre alles anders gekommen." Er war so nahe dran, der sympathische Madrilene, der immer noch in der Nähe des Stadions zu Hause bei seinen Eltern wohnt. „Emilio", so die linksliberale *El País,* „ist der Beitrag der Madrider Szene zum Lebensgefühl der Jugend der Nach-Franco-Ära." Viele, die ihn mögen, und dazu gehören nicht nur Spanier, haben für ihn gehofft, als er nach einer Stunde plötzlich frei zum Kopfball kam. Mittelfeldantreiber Michel hatte geflankt. Butragueño machte alles richtig. Das Timing stimmte, die Richtung des Balles ebenso. Jugoslawiens Torhüter Ivkovic war zur Untätigkeit verurteilt. Doch er und Jugoslawiens Mannschaft hatten Glück. Vom Innenpfosten sprang der Ball Ivkovic in die Arme. Ein paar Minuten später bot sich Butragueño, den sie zu Hause „El Buitre" (der Geier) nennen, wohl, weil er auch aus Überresten einer Torchance noch Kapital schlagen kann, erneut eine große Möglichkeit, Spanien in Führung zu schießen. Doch aus dem Schuß wurde ein harmloser Roller, als habe da nicht ein gefürchteter Torjäger, sondern ein Schülerkicker gegen den Ball getreten. Es begann die Demontage eines Denkmals. Luis Suarez, Spaniens Nationaltrainer, holte ihn vom Feld. „Ich bin sehr traurig, und es tut mir für meine Kameraden sehr leid", sagte ein zutiefst deprimierter Emilio Butragueño in diesem Augenblick. Vielleicht hatte ein anderer, der auch schon ausgeschieden war, recht. Vor zwei Jahren meinte Leo Beenhakker, Coach der Niederlande in Italien und damals Vereinstrainer bei Real Madrid, daß Butragueño eine andere Umgebung haben müsse. „Ihm fehlt die Inspiration von außen. Er schafft es nicht mehr aus eigener Kraft, sich so zu motivieren, wie das nötig ist, um den ganz großen Erfolg zu haben." Aber einmal Real, immer Real. Emilio Butragueño hat einmal gesagt, er wolle als Mensch überzeugen. Er hat auch in der Niederlage Größe bewiesen. Butragueño ist zu einer der tragischen Figuren in Italien geworden, aber gerade ihm wünscht man, daß er noch einmal so spielen möge wie vor vier Jahren.

Aber es war nicht Butragueño allein, der schuld hatte an der Niederlage. Martin Vasquez vergab beste Torchancen, Michel, der nach seinen drei Treffern gegen die schwachen Südkoreaner noch davon geträumt hatte, Torschützenkönig bei dieser Weltmeisterschaft werden zu können, gab kaum Impulse. Zudem herrschten 40 Grad Celsius. Suarez: „Die Hitze war unser größter Gegner." Und trotzdem: Spanien war die bessere Mannschaft, zeigte, daß sie nicht zu Unrecht genannt wurde, wenn es galt, ein paar Teams herauszupicken, die für den Titel in Frage kommen. Aber ohne Tore geht wenig bis gar nichts. „Der Gegner hat uns dafür bestraft, daß wir unsere Chancen nicht nutzten", erkannte Suarez. Frag nach bei Brasilien. Dabei war dieser Gegner leicht auszurechnen. Er hatte nur einen Namen: Dragan Stojkovic, ein Mann, der das grelle Licht der Scheinwerfer liebt, der sich gefällt in der Rolle des Stars, der von Olympique Marseille noch vor der Weltmeisterschaft für 15 Millionen Mark verpflichtet

Spanien – Jugoslawien

Der Kunstschuß des Dragan Stojkovic zum Siegtreffer beim 2:1 im Spiel Jugoslawien gegen Spanien. Schon das 1:0 hatte Stojkovic gegen die dominierenden Spanier besorgt. Nach dem 1:1 in der regulären Spielzeit mußten die Mannschaften in die Verlängerung. Die Spanier dürften auf dem Heimweg ihren vielen vergebenen Chancen nachgetrauert haben.

Fußball. Beim 1:0 düpierte er nach einer Flanke von Vujovic die spanische Abwehr mit einer Körpertäuschung und schob dann den Ball seelenruhig an Zubizarreta vorbei ins Netz. Sein zweites Tor, der Siegtreffer, war ein Freistoß, ein Kunstschuß Marke Stojkovic, mit dem er in der 93. Minute, der dritten der Verlängerung, Jugoslawiens Sieg perfekt machte.

Die zusätzliche Spielzeit war nötig geworden durch Salinas Ausgleich in der 84. Minute, der Spanien noch einmal hoffen ließ. Trainer Luis Suarez sah auch dieses Tor nicht von seiner Bank aus, denn Aron Schmidhuber aus München, der als Schiedsrichter dieser Partie fungierte, hatte Suarez von seinem angestammten Platz verbannt nach lautstarken Protesten. Aus der Sicht von Suarez hörte sich das so an: „Kurz vor dem 0:1 wollte ich auswechseln, alles war klar, nur der Schiedsrichter hat nicht reagiert. Dann fiel das Tor für Jugoslawien, und ich habe bei Schmidhuber protestiert. Der hat das aber nicht kapiert und mich dann von der Bank verwiesen." Es war das erstemal, daß dies bei der Weltmeisterschaft in Italien geschah. Suarez trug es letztlich mit Fassung, ebenso wie das Ausscheiden. „Ich habe noch einen Vertrag über weitere drei Jahre", meinte Suarez. Ob sein Kollege Ivica Osim trotz des Einzugs in das Viertelfinale seinen Job behalten wird, ist indes fraglich. Auf ihn prasselte eine Menge Ärger ein. Die Reservespieler warfen ihm falsche Personalpolitik vor, zudem wurde er von einer perfiden Pressekampagne tief getroffen. Jugoslawische Journalisten hatten ihn öffentlich der Alkoholorgien bezichtigt, nachdem sie vor Osims Hotelzimmer eine größere Ladung leerer Whisky-Flaschen entdeckt hatten. Osims Reaktion: Er weigert sich seitdem standhaft, mit jugoslawischen Journalisten zu reden. Mit regungsloser Miene sagte er in der Pressekonferenz nach dem Sieg gegen Spanien nur einen Satz: „Das Spiel hätte auch anders ausgehen können." Mehr wäre freilich auch schon zuviel gewesen, mehr war aus seiner Sicht eigentlich auch nicht zu sagen.

worden ist. Stojkovic hatte eine miserable Vorrunde hinter sich. Trainer Osim schien die Gründe dafür zu kennen: „Er hat den Kopf vielleicht in Jugoslawien, vielleicht in Frankreich, aber er hat ihn nicht hier in Italien." Doch Osim wußte auch, daß Stojkovic ein Individualist besonders ausgeprägten Zuschnitts ist, der auch anders kann. So wie gegen Spanien. Er spielte zwar auch nicht unbedingt den großen Regisseur im Mittelfeld, er war wie schon zuvor lauffaul, schwach in den Zweikämpfen, wirkte mitunter gar lustlos, doch seine beiden Tore waren gelebte Träume. Das war Genuß-

Achtelfinale

England – Belgien 1:0 n.V. (0:0)

PLATTSCHUSS IN LETZTER MINUTE

Selten hatten die Tageszeitungen so detaillierte Zeitangaben in ihren Berichten abgedruckt. 23.23 hätten die Uhren angezeigt, so war zu lesen, die 120. Minute sei gelaufen und nur noch 37 Sekunden zu spielen, als es passierte. In jenem Augenblick, als der in der 73. Minute eingewechselte englische Mittelfeldspieler David Platt ins Tor traf und den Spielverlauf auf den Kopf stellte. Seine Mannschaft hatte unweit des belgischen Strafraums einen Freistoß zugesprochen bekommen. Paul Gascoigne lupfte den Ball hoch in die Luft. Vor dem Tor schauten alle gen Himmel und liefen verwirrt umher. Als erster bekam Platt wieder die Orientierung, gerade rechtzeitig, denn der Ball senkte sich auf die Stelle, zu der er mehr gestolpert als gelaufen war. Platt schwang sein rechtes Bein hoch, nahm ihn volley und schoß am verdutzten Torhüter Michel Preud'homme ins Netz: 1:0 – das Elfmeterschießen, mit dem sie sich eher noch als die Belgier bereits abgefunden zu haben schienen, hatten sich die Briten erspart. Lächerliche 37 Sekunden vor dem Abpfiff.

War das Gerechtigkeit? „Wir haben drei Viertel des Spiels dominiert", sagte der belgische Trainer Guy Thys konsterniert. Sein Mittelfeldregisseur Enzo Scifo hatte sein bestes Spiel bei der WM gezeigt und die Elf nach vorne getrieben. Nach einer Viertelstunde war Stürmer Jan Ceulemans'

Bremsversuch des Belgiers Eric Gerets gegen Paul Gascoigne (England). Die Belgier mußten nach diesem Spiel die Heimreise antreten, weil David Platt in buchstäblich letzter Minute den Siegtreffer landete.

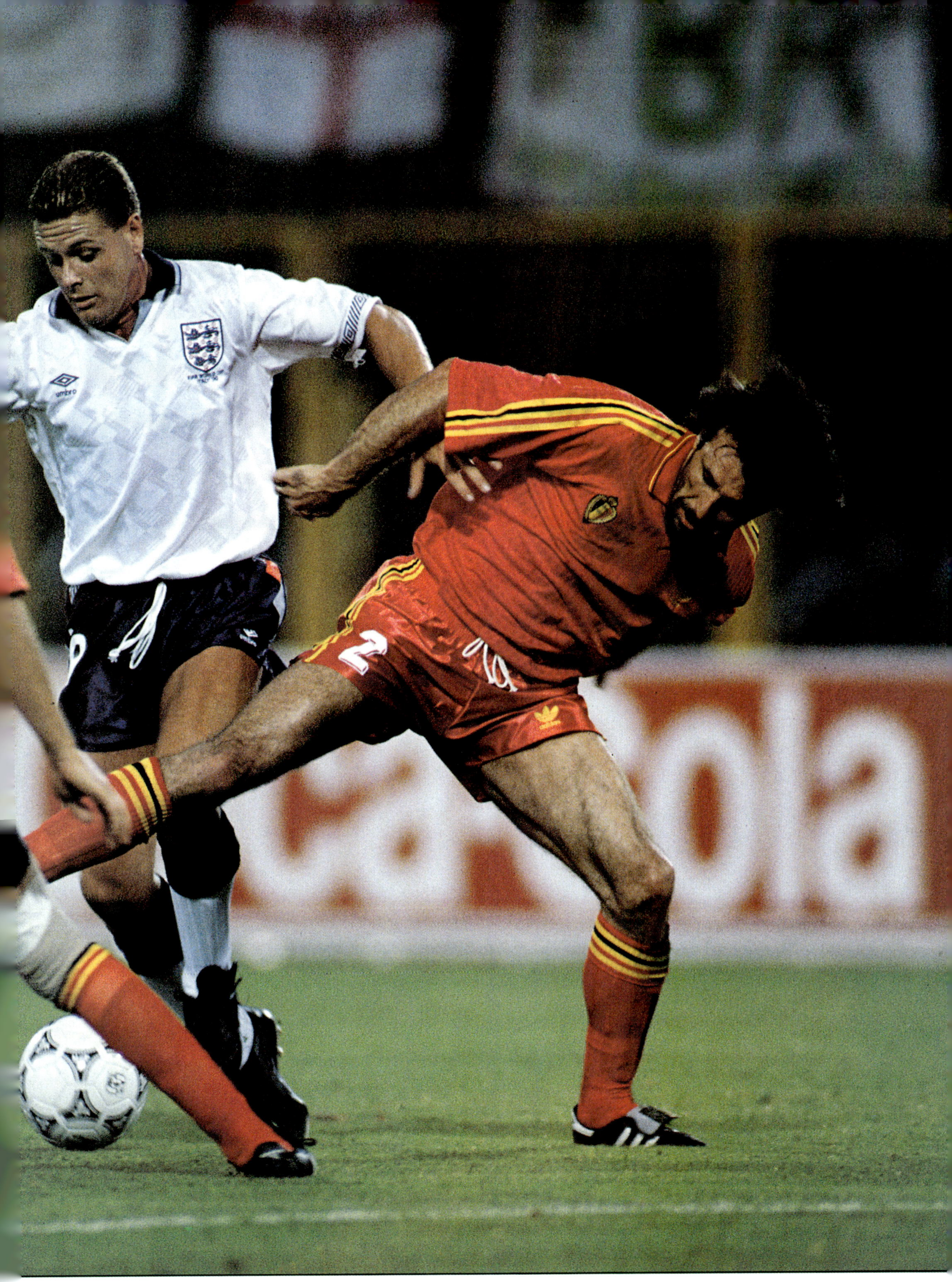
umbro
adidas

Achtelfinale

Schuß an den Torpfosten gekracht, und als Scifo anfangs der zweiten Halbzeit das gleiche Malheur widerfuhr, schoß ihm erstmals der Gedanke in den Kopf, „daß wir keinen guten Tag erwischt haben". Zumindest im Angriff nicht, denn auch der fleißige Mittelfeldspieler Bruno Versavel war zweimal, in der dritten und in der 99. Minute, in aussichtsreicher Position gescheitert.

Auf der anderen Seite des Spielfeldes im Bologneser Stadion Dall'Ara bot dagegen der Sturm der Engländer nur Altbackenes. Der vom Mittelfeld nur mäßig unterstützte John Barnes rieb sich mit seinen Dribblings ständig fest und wurde eine Viertelstunde vor Ablauf der neunzig Minuten regulärer Spielzeit ausgetauscht. Zudem war der wieder einmal enttäuschende Mittelstürmer Gary Lineker bei Verteidiger Georges Grun in sicheren Händen. „Die Engländer", fand Scifo, „waren so gut wie nie eine Gefahr für uns."

Einmal eben doch. So blieben denn Bobby Robson, Teamchef der englischen Mannschaft, hinterher die Fragen erspart, die ihm in der Vorrunde oft gestellt wurden. Jetzt ging es nicht mehr darum, ob der simple Kick-and-rush, das ebenso kraftvolle wie systemlose Nach-vorne-Treten des Balles, noch zeitgemäß sei. Jetzt interessierte der offenbar unerschütterliche Kampfgeist und eine zweite Urtugend des britischen Fußballs, die Kopfballstärke.

Sich trotz eines veralteten Stils mindestens bis ins Viertelfinale durchzuschlagen, war ja auch eine Kunst für sich. Plötzlich hieß es: „Diese Mannschaft ist zu allem fähig", wie Irlands englischer Trainer Jack Charlton meinte.

Robson hatte von den nicht zimperlichen englischen Boulevardzeitungen bis zum Achtelfinale einiges einstecken müssen und sich zunehmend dünnhäutiger gezeigt. Eine Pressekonferenz brach er sogar ab, nachdem ihm ein Journalist vorgeworfen hatte, er sei wenig kooperativ. Doch nun war Robsons Position gestärkt. „Wir haben noch Reserven und wollen weiter marschieren", verkündete er den Reportern.

Zudem konnte Robson einen Matchwinner präsentieren, auf den sich alle stürzten: David Platt, der vor der WM bloß als Mitläufer eingestuft worden war, einer der höchstens aushilft, wenn Stars mal Schwächen zeigen. Der 24jährige Kapitän des Erstdivisionärs Aston Villa hatte diese sich ihm bietende Chance mit einer Mischung aus erstaunlicher Abgebrühtheit und nötigem Glück genutzt. In seinem siebenten Länderspiel traf er zum ersten Mal, gleichzeitig war es das 100. Tor dieser Weltmeisterschaft. „David ist ein Beispiel für den guten Geist in unserem Team", ließ Robson die versammelte englische Journaille trotzig wissen.

Für die Belgier indes ging nicht nur die WM, sondern auch eine Ära zu Ende. In diesem Spiel hatten die 33jährigen Ceulemans und Leo Clijsters sowie der 36 Jahre alte Eric Gerets noch einmal zentrale Positionen im flüssigen Kombinationsspiel ausgefüllt. Nun würden sie ihre Karrieren beenden. Gerets bereitete es besondere Bitterkeit, daß er derjenige war, der kurz vor Abpfiff der Verlängerung Gascoigne gefoult und somit den entscheidenden Freistoß verschuldet hatte. So überraschend wie die Belgier 1986 in Mexiko fröhlich konternd bis in Halbfinale gedrungen waren, so unerwartet schieden sie trotz ihrer besten Turnierleistung in Italien aus. Gerechtigkeit? „Es ist erwiesen", stellte Belgiens Verteidiger Stephane Demol illusionslos fest, „man muß nicht gut spielen, um zu gewinnen."

Oben: Es ist geschafft – nach einem harten Stück Arbeit bejubeln Terry Butcher, Gary Lineker und Steve Bull den Sieg.

Links: Letzte Vorbereitungen für die Verlängerung. Belgiens Superstar Enzo Scifo werden die Muskeln gelockert, um Krämpfen vorzubeugen.

Ergebnisse

Ergebnisse

Viertelfinale

Jugoslawien–Argentinien	(0:0)	2:3 n. Elf.
Italien – Irland	(1:0)	1:0
ČSFR – Deutschland	(0:1)	0:1
England – Kamerun	(2:2)	3:2 n.V.

Halbfinale

Italien – Argentinien	(1:1)	4:5 n. Elfm.
Deutschland – England	(1:1)	5:4 n. Elfm.

Spiel um den 3. Platz

Italien – England	(0:0)	2:1

Finale

Deutschland – Argentinien	(0:0)	1:0

Mimik und Gestik – das Temperament des Teamchefs ließ Beckenbauer mitfiebern mit seinen Akteuren auf dem grünen Rasen.

Viertelfinale

Argentinien – Jugoslawien (0:0) 3:2 n. Elfmeterschießen

GLÜCKS-SPIEL FÜR MARADONAS MANNEN

Die Wunder bleiben nicht aus, und immer wieder sind die Argentinier die Nutznießer. Diego Maradona zum Beispiel, der schon viel erreicht hat in seiner Fußballkarriere, jetzt aber in der Partie gegen Jugoslawien, im Viertelfinale der WM in Italien, ein neues Kapitel geschrieben hat, zumindest sah dies sein Trainer Carlos Bilardo so. „Diego ist ein Wunderspieler, er hat nach dem Foul von Sabanadzovic nur mit einem Bein gespielt", erklärte Bilardo. Da konnte der Staatschef, Präsident Carlos Menem, natürlich nicht zurückstehen. „Unser Sieger heißt Maradona, auch wenn er einen Elfmeter verschossen hat." Menem sieht Maradona schon als künftigen Nationaltrainer, was sich gut machen würde im krisengeschüttelten Argentinien, weil es ablenken könnte von den eigentlichen, grundlegenden Problemen. Geirrt haben freilich beide: der Kinderarzt Bilardo und der Politiker Menem. Maradona spielte bis zum Schluß mit zwei Beinen (ehrlich!), und gewonnen hat er die Partie auch nicht. Vielmehr haben sie die Jugoslawen verloren, weil ihnen im abschließenden Elfmeterschießen, das nötig geworden war nach torlosen 90 und dann ebenso erfolglosen 30 weiteren Minuten, das nötige Quentchen Glück fehlte.

Es ist zum Heulen. Da spielt man nun 120 Minuten eine großartige Partie gegen den Favoriten und wird dann durch das Elfmeterschießen nach Hause geschickt. Torhüter Tomislav Ivkovic betrauert die Niederlage.

Der Titelverteidiger hat auch in Florenz keine neuen Freunde gewonnen, bestätigte sich ein weiteres Mal als Minimalist und verdankte den weiteren Verbleib im Wettbewerb ausgerechnet dem bisher unsichersten Kantonisten: Torwart Goycochea, der nur durch die Verletzung von Pumpido ins Team gekommen war. Er hielt Strafstöße von Brnovic und Hadzibegic, avancierte so für einige Stunden zum Held einer Mannschaft, die gegenüber dem Team von 1986 in Mexiko nicht wiederzuerkennen ist. Maradona weiß das wohl. „Auch solche Spiele muß man gewinnen, wenn man Weltmeister werden will", meinte der Kapitän der argentinischen Glücksritter, dessen Beitrag beim Elfmeterschießen eher peinlich war. Er schob den Ball derart leicht auf das Tor zu, als ob seine Knie schlottern würden. Jugoslawiens Schlußmann Ivkovic, auch nicht unbedingt einer der sichersten im Torviereck, hatte keine Mühe, Maradonas Roller sicher unter sich zu begraben. Da aber die Jugoslawen drei Elfmeter verschossen, darunter gleich den ersten durch Stojkovic (Trainer Ivica Osim: „Ich möchte nicht über die Elfmeter sprechen"), fiel Maradonas Ausfall nicht ins Gewicht.

Seine wohl beste Tat vollbrachte der Argentinier nach einer halben Stunde, als er derart geschickt über das Bein von Sabanadzovic fiel, daß dieser die rote Karte erhielt. Zuvor war Sabanadzovic verwarnt worden, weil er bei einem Freistoß zu nahe am Ball gestanden war. Mit seinem ersten etwas forscheren Körperkontakt gegen Maradona war damit die Partie für ihn schon zu Ende. Der Schweizer Schiedsrichter Röthlisberger hatte, wie viele seiner Kollegen in Italien, auch in diesem Fall nicht das rechte Maß gefunden, hatte übertrieben reagiert, um nicht selbst in die Schußlinie zu kommen. (Vielleicht darf man ja, wenn man brav alle Instruktionen der FIFA befolgt, das Endspiel leiten). Jugoslawien spielte mit einem Mann weniger allerdings immer noch wesentlich besser als Argentinien mit voller Anzahl der Akteure. Und das bei 36 Grad, im Schatten wohlgemerkt, und solcher ist

Viertelfinale

relativ selten auf einem Fußballplatz. Was Argentinien aus dem Vorteil machte, war enttäuschend. Wie schon in der Begegnung mit Brasilien herrschte das Prinzip Hoffnung vor: Es wird schon gehen, irgendwie.

Bei Jugoslawien inszenierte Dragan Stojkovic die meisten Angriffe mit weiten, zentimetergenauen Pässen. Für Stojkovic wurde der Name „Maradona des Ostens" erfunden – es gibt natürlich auch einen „Maradona Afrikas" usw. –, er stach den wirklichen, den richtigen Maradona ganz klar aus. Jugoslawien hätte bereits nach zwanzig Minuten in Führung liegen können. Jozic knallte den Ball nach einer Flanke von Susic volley über das Tor, Prosinecki scheiterte mit einem harten Schuß aus spitzem Winkel nur knapp an Goycochea. Vergessen schienen sie zu sein in diesem Augenblick, die vielen kleinen Nadelstiche gegen Trainer Osim während des Turniers, die aufkommende Kritik der Reservespieler. Jugoslawien hatte sich gefunden im Verlauf der Weltmeisterschaft. Bloß, wer sollte die Tore schießen? In der Verlängerung lag die Verantwortung bei Savicevic, der aus vier Metern das Tor nicht traf. Ohnmächtig vor Wut ließ sich Trainer Osim daraufhin auf den Boden sinken. Hatte er nicht eine Mannschaft geformt, die sich steigerte, trumpfte nicht Stojkovic endlich groß auf? Hielt nicht Ivkovic besser, als er eigentlich halten kann, war nicht alles optimal? Es war alles in Ordnung, Ivica Osim, wirklich alles. Er konnte nur die typische jugoslawische Schwäche seit Jahrzehnten, die fehlende Konzentration beim Torschuß, nicht beseitigen. Aber vielleicht kann man das auch nicht lernen. Vielleicht fehlten ihm dazu die richtigen Spieler. Das Elfmeterschießen war Beleg genug für Jugoslawiens Schwachpunkt.

Argentinien hatte sich wahrlich nicht mit Ruhm bekleckert, unschön vor allem war jene Szene, als Schiedsrichter Röthlisberger eine Minute vor dem Ende der Verlängerung ein Tor von Burruchaga wegen Handspiels nicht anerkannte. Ausgerechnet Maradona ereiferte sich darüber in besonderem Maße, lief sogar zu den offiziellen

Argentinien – Jugoslawien

FIFA-Beobachtern, um sich lauthals zu beschweren. Ausgerechnet er, Maradona, der vor vier Jahren ein Tor mit der Hand erzielte („die Hand Gottes", wie Maradona sich damals auszudrücken pflegte). Ausgerechnet Maradona, der in der Vorrunde den Ball im eigenen Strafraum mit der Hand berührte, ohne dafür bestraft zu werden mit dem fälligen Elfmeter, weil Schiedsrichter Frederiksson mit Blindheit geschlagen war. Wer weiß, wie sonst das Spiel gegen die UdSSR ausgegangen wäre? Vielleicht hätte Argentinien sich nicht über die Vorrunde hinaus geschossen. Ausgerechnet Maradona, der Handspezialist, führte sich auf wie ein kleiner Teufel. Sogar Ivica Osim griff ein, um ihn und die aufgebrachten argentinischen Funktionäre zu beruhigen. Es blieb beim 0:0. Vielleicht wäre das etwas anderes gewesen, wenn nicht Burruchaga, sondern Maradona mit der Hand…

Aus der Sicht der Argentinier ging schließlich doch noch alles gut aus, was schön war für Präsident Carlos Menem, der am Tag nach dem Spiel 61 Jahre alt geworden ist. Der Einzug in das Halbfinale war das schönste Geschenk für den eitlen Staatsmann, der sich daraufhin sogar mit Dr. Carlos Bilardo, dem Trainer, vertrug. Aber das wiederum kam nicht überraschend, irrte doch Bilardo ebenso wie oft mancher Politiker (auch Menem), als er die Partie wie folgt analysierte: „Jugoslawien war der erwartet schwere Gegner, aber wir haben verdient gewonnen." Es wäre ein weiteres Wunder, wenn Bilardo seine eigenen Worte glauben würde.

Linke Seite: Dragan Stojkovic wäre in diesem Moment sicher gerne im Erdboden versunken. Er vergab den entscheidenden Elfmeter.

Rechts: Superstar im Pech. Diego Maradona nach seinem verschossenen Elfmeter.

Viertelfinale

Italien – Irland (0:0) 1:0

ABSCHIED IN RUHM UND EHRE

Selten waren Sieger und Besiegte so glücklich und freundlich auseinandergegangen. In der Stadt feierten die 15 000 irischen Fans einträchtig mit den Tifosi zusammen die Erfolge ihrer Lieblinge, und an der Stätte des Geschehens faßte Irlands Kapitän Mick McCarthy die Gefühlsaufwallung seines Teams zusammen: „Es war ein großes Privileg, im Olympiastadion in Rom spielen zu dürfen. Was konnte man mehr von uns erwarten?"

Nichts, gar nichts. Zu sehr waren die Italiener ihrer Favoritenrolle gerecht geworden. Natürlich hatte wieder Salvatore „Toto" Schillaci das entscheidende Tor geschossen. In der 38. Minute hatte zuerst Roberto Donadoni in halblinker Position abgezogen, der Ball flog mit einer Geschwindigkeit von 92 km/h (wie ein Computer hinterher berechnet hat) über den Scheitel von Paul McGrath. Torhüter Pat Bonner registrierte zu spät die Wucht des abgefälschten Schusses, die ihn zu Boden riß. Den Ball vermochte er nicht festzuhalten, und so landete das Leder vor den Füßen von Schillaci, der mit der ganzen Energie und Schnelligkeit seines athletischen Körpers flach in die äußere, die rechte Torecke einschoß. „Schillacissimo", titelte tags darauf *Gazzetta dello Sport* über die ganze Breite des Blattes.

Und einmal mehr der neue Nationalheld Italiens: Salvatore „Toto" Schillaci in Aktion. Freistoß gegen die Iren – der brachte zwar nichts ein, aber wieder war Schillaci der Matchwinner.

Italien – Irland

Keiner in der irischen Mannschaft war Bonner gram oder schalt Verteidiger McCarthy, der in diesem Moment Schillaci hatte ziehen lassen. Der kleine Sizilianer war auch an diesem Abend wieder einmal kaum zu halten. Zu Beginn der zweiten Halbzeit jagte er einen Freistoß an die Unterkante der Latte, von wo der Ball auf die Torlinie und ins Feld zurückprallte. Kurz vor Abpfiff hätte der Stürmer von Juventus Turin seinen jungen Ruhm in ekstatische Höhen treiben und sich selbst an die Spitze der Torjägerliste setzen können, wenn ihn nicht der Schiedsrichter im Abseits, das keins war, gesehen hätte. „Ein reguläres Tor", zürnte der Schütze, „das Fernsehen hat es bewiesen."

Doch dieser Samstagabend war ohnehin nicht der beste Tag im Leben von Carlos Silva Valente, dem portugiesischen Referee. Die Iren gingen gemäß der britischen Fußballtradition im Zweikampf hart, aber fair zur Sache. Valente jedoch unterband kleinlich jede dieser Aktionen und nahm so dem Spiel viel von seinem Fluß. „Viele Unparteiische", klagte Irlands Trainer Jack Charlton, „scheinen vergessen zu haben, daß Tackling ein legales Mittel ist."

Trotzdem hätte nicht viel gefehlt, um der italienischen Mannschaft ein Bein zu stellen. Die Iren hatten nichts zu verlieren, und die Unbekümmertheit verlieh ihnen den Mut zur frechen Attacke. Die Deckung der „Squadra azzurra" geriet unter ungewohnten Druck und zeigte prompt Nervosität; allen voran der Mailänder Libero Franco Baresi, einer der Weltbesten seines Fachs, verlor seine Souveränität. „Es war das schwerste WM-Spiel", resümierte der erleichterte Baresi, als alles überstanden war. „Die Iren haben uns in Angst und Schrecken versetzt." Zweimal 1:0 und zweimal 2:0 gespielt, nun wieder nur 1:0 gewonnen – mit diesem Makel konnten die italienischen Kicker leben angesichts der Tatsache, daß die erstaunliche Serie ihres Torwarts Walter Zenga weiterhin gehalten hatte: Seit 913 Minuten war der Keeper von Inter Mailand nun in der Nationalmannschaft nicht mehr bezwungen worden. Und als einziger Halbfinalist hatte das Team alle fünf vorausgegangenen Spiele als Sieger beendet. „Es tut mir leid, daß die Ergebnisse nicht deutlicher ausfielen", entschuldigte sich Trainer Azeglio Vicini.

Kein Tifoso, der ihm nicht verzieh, denn: „Jetzt liebt uns die ganze Nation", versicherte stolz der italienische Verbandspräsident Antonio Matarrese. So viel Zuneigung war fürs Halbfinale auch nötig, wollte die Mannschaft in Neapel das Publikum hinter sich haben. Dort, im Stadion San Paolo, ist der beim einheimischen SSC spielende Diego Maradona der Günstling der Massen. Ausgerechnet mitten unter den leidenschaftlichen Neapolitanern würde das italienische Auswahlteam jetzt also auf die Argentinier treffen.

Die Iren dagegen konnten sich restlos der Sympathien aller sicher sein. Premierminister Charles Haughey kabelte noch in der Nacht ein Telegramm ins Mannschaftsquartier: „Ihr habt Irland ehrenvoll repräsentiert."

Ob die Spieler von dem Text noch etwas mitbekommen haben, ist nicht überliefert. Längst lief im Hotel in den Albaner Bergen hoch über Rom eine ausgelassene Party. Die Fußballer und ihre Helfershelfer stiegen auf die Stühle und stimmten eine

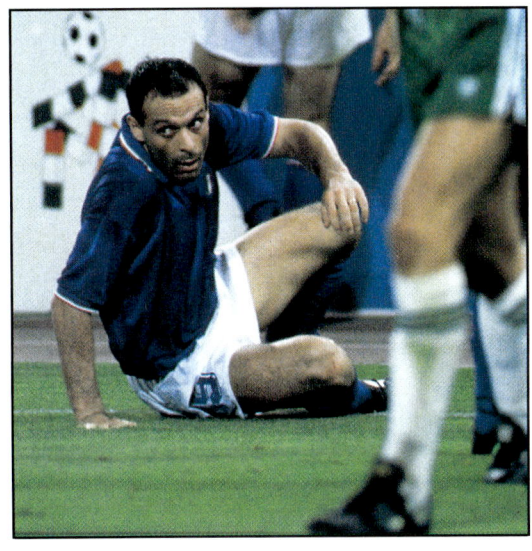

Linke Seite: Farbiger Jubel der italienischen Fans – hier noch im Stadion, später ging es in den Straßen Roms weiter.

Oben: Der Coach der Irländer inmitten seiner Mannen: Jack Charlton.

Darunter: Schlitzohr „Toto" Schillaci, der Senkrechtstarter dieser Saison: in einem Jahr vom Provinzkicker zum WM-Helden.

alte irische Volksweise an: „Trinken wir noch einen." Für einen WM-Neuling waren sie sehr weit gekommen. „Wir haben das WM-Abenteuer wirklich genossen", bilanzierte Charlton, während in Dublin und Umgebung sich die Prophezeiung McCarthys erfüllte. „Man wird uns mit einer historischen Sauferei feiern", hatte der Teamkapitän bereits nach der Vorrunde geahnt.

Selbst wenn sie gegen die Italiener nichts zuwege gebracht hätten – sang- und klanglos hätten sich die Iren ohnehin nicht vom Turnier verabschiedet. Sie waren jetzt wer im internationalen Geschehen, und die umgerechnet vier Millionen Mark, die ihrem nationalen Verband nach dem Viertelfinale zustanden, konnte die kleine Fußballgemeinde gut gebrauchen. Niemand dachte daran, daß die Mannschaft nach 581 Tagen und 17 Länderspielen erstmals wieder eine Niederlage hatte einstecken müssen. Sogar die Londoner Zeitungen zollten gehörig Respekt. „Wir sind stolz auf euch!" verkündete *News of the World* und fand Unterstützung bei der *Sunday Mail:* „Die Iren schieden in Ruhm und Ehre aus dem Turnier." Daß selbst die Nachbarn vom glorreichen Empire die Bewohner der Grünen Insel mit Respektbekundungen überhäuften, öffnete die Zapfhähne und Whiskeyflaschen sicher noch ein bißchen mehr.

Viertelfinale

Gedrängel vor Stejskals Gehäuse. Im Viertelfinalspiel Deutschland–ČSFR taten sich die von Franz Beckenbauer geführten Favoriten äußerst schwer und konnten nur aufgrund eines von Matthäus verwandelten Foulelfmeters ins Halbfinale einziehen. Aber ein „Arbeitssieg" ist schließlich auch ein Sieg.

Deutschland – ČSFR

Viertelfinale
Deutschland – ČSFR (1:0) 1:0

EINE HALBE STUNDE GEBRÜLLT UND GELITTEN

Die Männer und Frauen in der Regiezentrale des staatlichen italienischen Fernsehsenders RAI sahen sich einer schwierigen Wahl ausgesetzt. Welches Bild sollten sie den Kunden in aller Welt anbieten, um zu dokumentieren, was sich in der letzten Viertelstunde des Achtelfinales zwischen der bundesdeutschen Mannschaft und der der Tschechoslowakei abspielte? Gewöhnlich ist in solchen Situationen der Schwenk aufs Spielfeld angebracht, mal in Großaufnahme, nach brenzligen Situationen in Zeitlupe. Doch kein Bild gab das Geschehen auf dem Rasen besser wieder als das des Rumpelstilzchen-Schwagers Franz Beckenbauer. Daß der Chef keiner der Ruhigsten bleibt, wenn das Team sich zu sehr von seinen Vorstellungen entfernt, war ja nicht neu; doch diesmal tobte er schlimmer als je zuvor. Verließ seinen Standplatz unter dem Glasdach, stapfte ein paar Schritte nach vorn, fuchtelte wild mit den Armen umher und spreizte die Finger. Die bunte Krawatte schwang hin und her, die Halsschlagader schwoll bedrohlich an, und er schrie, schrie, schrie. Was machte den Mann denn bloß so wütend, welcher böse Bube mußte verantwortlich gemacht werden für die Wandlung von Franz Lebenskünstler zu Franz Wüterich?

Mehr als eine Stunde lang war alles nach Plan gelaufen. Im Sturm hatte sich diesmal neben Jürgen Klinsmann der ehemalige Bremer Karlheinz Riedle versucht; Römer-Rudi Völler, dessen Sperre nach dem zweifelhaften Platzverweis gegen die Niederlande von der FIFA bestätigt worden war, saß auf der Tribüne. Und Völler konnte beobachten, daß seine Kameraden zehn Minuten Zeit brauchten, um Spiel und Sinne zu ordnen, daß die Tschechoslowaken derweil ihre erste große Chance erarbeiteten: Einen

Links: Spannung auf der deutschen Bank beim Spiel gegen die Tschechoslowakei...

Oben: ...und dann der entscheidende Elfmeter, sicher verwandelt gegen Torhüter Jan Stejskal von Lothar Matthäus, einem der herausragenden Spieler dieser Weltmeisterschaft.

Viertelfinale

Freistoß von Bilek aus gut 20 Metern lenkte Illgner im Sprung über die Latte. Doch danach war der deutsche Schnellzug endgültig auf Touren gekommen. Im Mittelfeld wurde fließend kombiniert, wieder unter kräftiger Beteiligung des Stuttgarters Guido Buchwald, der wie schon im Spiel gegen die Niederlande bewies, daß seine technischen Mittel längst nicht so beschränkt sind, wie oft behauptet worden ist. Buchwald war es auch, der die erste Torchance der Deutschen bekam, doch sein Volleyschuß wurde zur Ecke abgefälscht, unmittelbar danach stand Hasek goldrichtig und wehrte Buchwalds Kopfball auf der Linie ab.

Das alles sah der Teamchef nicht völlig ruhig, aber doch mit Wohlwollen, denn die Mannschaft setzte seine Vorstellungen ins Spiel um. Was fehlte, war ein Treffer, doch der folgte alsbald. 25 Minuten waren gespielt, als Klinsmann auf dem Weg zum Tor die Gasse zwischen Chovanec und Straka wählte, die die Tschechoslowaken dann jedoch dichtmachten. Schiedsrichter Kohl, Helmut, entschied auf Elfmeter; ein Fall für Matthäus, die Chance, in einem seiner schwächeren Spiele während der WM auf diese Weise aufzufallen. Anlauf, Schuß, Tor – der Favorit führte 1:0, und zehntausende von deutschen Fans auf den steilen Rängen des Giuseppe-Meazza-Stadions warteten auf weitere Einschläge dieser Art.

Mit Dampf kam die Mannschaft aus der Kabine. Gleich zweimal innerhalb von 100 Sekunden bestand die Chance zum 2:0, doch einmal wehrte Torhüter Stejskal ab, beim zweiten Mal stand Bilek ebenso an der richtigen Stelle auf der Linie wie in der ersten Hälfte Hasek; auch Bilek klärte. Die Überlegenheit der deutschen Mannschaft blieb auffällig – bis zur kuriosesten Szene der gesamten Partie. 70 Minuten waren gespielt, als Moravcik im Zweikampf mit Littbarski zu Fall kam, sich wieder aufrappelte und schließlich wütend mit dem Fuß in die Luft trat, weil ihm Kohl einen Freistoß verweigerte. Moravciks Pech war, daß sich bei diesem Tritt der Schuh vom Fuß löste, durch die Luft segelte und schließlich in der Nähe von Littbarski landete. Die Zuschauer lachten, doch Kohl fand die Aktion offenbar gar nicht komisch. Nachdem er Moravcik schon zu Beginn des Spiels verwarnt hatte, zeigte er ihm nun erneut Gelb – und damit Rot. Moravcik kann wohl für sich in Anspruch nehmen, etwas Besonderes geleistet zu haben: Einen Platzverweis wegen schlecht geschnürten Schuhwerks erhält man nicht alle Tage.

Und nun begann des Teamchefs Brüll- und Leidensphase. Anstatt gegen den dezimierten Gegner endlich das zweite Tor zu schießen, schlichen sich ins Spiel der Deutschen Fehler ein, wie sie während der Weltmeisterschaft bis dahin nur selten vorgekommen waren. Zaudernd die Aktionen in der Abwehr, zerfahren im Mittelfeld und zaghaft im Sturm; das Team kam völlig von seiner Linie ab und bot den Tschechoslowaken geradezu an, die Regie zu übernehmen. Und draußen konnte es Beckenbauer einfach nicht fassen, daß es plötzlich noch einmal eng wurde und um den Einzug ins Halbfinale gezittert werden mußte. Bevor den Teamchef der Schlag treffen konnte, leistete Kohl Samariter-Dienst: Er pfiff ab. Beckenbauer knallte seine Brille ins Etui, sauste zur Kabine und brüllte seine Spieler an. „Der war in einer Verfassung, als wenn wir ausgeschieden wären", berichtete Klaus Augenthaler später. Doch die Wut verrauchte in den folgenden Stunden, und den Spielern blieb außer der Genugtuung über das Erreichen des Halbfinales die Erkenntnis, daß es schlimmer mit ihrem Chef, dem Gott des Zorns, kaum mehr kommen konnte.

Freistil auf dem Fußballplatz: Karlheinz Riedle, ehemals Werder Bremen, gegen den tschechoslowakischen Abwehrspieler Miroslav Kaldec – oder auch andersherum.

139

Viertelfinale
Kamerun – England (2:2) 2:3 n.V.

BIEDERE HANDWERKER GEGEN BEGNADETE KÜNSTLER

Von hinten nach vorne: N'Kono, Kunde, Tataw, Massing, Makanaky, Mfede, Ekeke, Libiih, Pagal, Ebwelle, Maboang, Miller, Omam-Biyik. Vielen Dank, liebe Freunde, für all die wunderbaren Stunden in Italien, für Fußball mit Herz, scheinbar frei von allen taktischen Zwängen! Kamerun konnte zwar nach der Niederlage im Viertelfinale nicht mehr den Titel gewinnen, aber die Mannschaft aus Afrika durfte sich trotzdem als einer der großen Sieger der Weltmeisterschaft in Italien fühlen. Die ungebrochene Lust am Spiel mit dem Fußball wirkte derart ansteckend, daß man sich dabei ertappte, wie die Daumen gedrückt wurden, als Kamerun in Schwierigkeiten geriet gegen England. „Ich verstehe, daß alle für Kamerun waren. Ich war bisher auch immer für dieses Team", gestand sogar Bobby Robson, der englische Trainer, der keinen Grund gehabt hätte, sich zu beschweren, wenn er gegen Kamerun ausgeschieden wäre. Gegen Kamerun, jawohl, gegen die bessere Mannschaft, gegen die Mannschaft mit den klareren Torchancen. Kameruns Akteure kombinierten mit raubkatzenartiger Geschmeidigkeit. Erinnerungen wurden wach an die Zeit, als Brasilien noch mit Pelé spielte. England rackerte, Stutzen runter, Ärmel rauf. Fighten lautete das Konzept der Briten, die wie biedere Handwerksmeister wirkten gegen ein Ensemble begnadeter Künstler. Elfmal Picasso. „Jetzt hat die gesamte Welt gesehen, daß der afrikanische Fußball den richtigen Weg eingeschlagen hat", meinte Kameruns Trainer Valeri Nepomniachi, ein Mann, der so kalt und unnahbar wirkt wie die Gegend, aus der er kommt: Sibirien. So recht wußte bis zum Schluß niemand, wie groß der Einfluß von Nepomniachi war, denn er unterhielt sich fast nie mit den Spielern, wohl auch, weil er nicht Französisch kann. Eine Aura des Geheimnisvollen umgab den sowjetischen Coach, der irgendwie verloren wirkte inmitten der begeisterten Afrikaner, die gegen England eigentlich nur vergaßen, daß sie, um im Wettbewerb zu bleiben, auch gewinnen mußten.

Den Engländern war dies stets bewußt, und als sie durch Platt mit 1:0 in Führung gingen, war ihre Welt auch noch in Ordnung. Es war ein typisch britisches Tor. Ein erfolgreicher Kopfball nach gelungener Flanke von Pearce. Egal. Kamerun schien das gar nicht zu berühren, und außerdem kam ja nach dem Seitenwechsel wieder Roger Miller, der bereits vier Tore erzielt hatte bis zum Viertelfinale. Und der älteste Feldspieler des Turniers (der älteste überhaupt war Englands Torwart Peter Shilton, dem einige Male schwarz wurde vor Augen

Oben: Frisch vom Friseur zum Spiel gegen die Engländer: Kameruns Super-Torjäger Roger Miller.

Durchsetzungsfähig, wenn auch manchmal an der Grenze des Erlaubten – hier hält Thomas Libiih seinen Gegenspieler David Platt fest.

Kamerun – England

Viertelfinale

in dieser Partie) bewies erneut seinen Wert für die Mannschaft. Nach einem herrlichen Paß von Omam-Biyik stürmte er in den Strafraum, wurde zu Fall gebracht, der Elfmeter war berechtigt. Kunde schoß ihn, Kamerun hatte ausgeglichen. „Wir sind doch nicht hierhergekommen, um uns zu amüsieren. Wir sind von unserer Leistung jedenfalls nicht überrascht", meinte Kunde. Die Engländer waren konsterniert, denn es war auch klar: Dieses Tor war längst verdient und auch die anschließende Führung. Miller paßte zu Ekeke, der geschickt Shilton versetzte. Und bloß 25 Minuten waren noch zu spielen. England war draußen in diesem Augenblick, Kamerun war Halbfinalist. Robson reagierte, holte seinen Abwehrrecken Butcher vom Feld, brachte Mittelfeldspieler Trevor Steven. Aber all die Bemühungen der Engländer hätten nichts genutzt, wenn Kamerun nicht weiter versucht hätte zu zaubern, was sie noch sympathischer machte, ihnen aber am Ende nicht gut bekam. Die Lust und Last der Spielfreude wurde ihnen zum Verhängnis, als sie drauf und dran waren, den Engländern eine bittere Lektion zu erteilen. Mit einem Absatzkick wollte Omam-Biyik das dritte Tor erzielen, Miller trickste, daß selbst Maradona vor Neid erblaßt wäre. Kamerun spielte Genuß-Fußball nicht nur für die Galerie: Die Spieler um den überragenden Makanaky, der beim FC Toulon beschäftigt ist, konnten vermutlich nicht anders. Einmal in Schwung, berauschten sie sich an ihrem eigenen Spiel. Englands Kickern wurde gnadenlos aufgezeigt, daß sie den Fußball der Vergangenheit spielen, Kamerun den der Zukunft. Letztlich fehlte der besten afrikanischen Mannschaft – die nicht einmal offiziell afrikanischer Meister ist, denn das ist Algerien – nur etwas Erfahrung. England hat davon jede Menge, benötigte aber auch einen Elfmeter, um die Verlängerung zu erzwingen. Gary Lineker, der bis dahin eine schwache Weltmeisterschaft absolviert hatte, war von Kunde gefoult worden. Daß es, wie der Mann aus Kamerun versicherte, vor dem Strafraum passiert war, interessierte Schiedsrichter Codesal

Mendez aus Mexiko nicht. Gestenreich wie immer deutete er auf den Punkt, elf Meter vor dem Tor. Lineker setzte die Regel, wonach der gefoulte Spieler nicht selbst schießen soll, außer Kraft und verwandelte zum Ausgleich. Ein weiterer Strafstoß, den wieder Lineker nutzte, brachte den glücklichen Siegtreffer für England.

„Ist es nicht unglaublich", fragte ein verdutzter Trainer Robson, „zu einem bestimmten Zeitpunkt waren wir schon zu Hause, jetzt stehen wir im Halbfinale gegen Deutschland." Robson gab sich kämpferisch wie seine Elf. Nachdem britische Zeitungen seine Ablösung nach den schwachen Leistungen der Vorrunde gefordert hatten, befand er sich plötzlich in der besseren Position gegenüber seinen Kritikern. Die Ehrenrunde allerdings, die liefen in Neapel, wo die Zuschauer auch vom Meister SSC Neapel mit Maradona, Careca und Alemao nur in Ausnahmefällen so gut unterhalten werden wie von Kamerun, die Verlierer. Warum nur, warum ist das Leben auch auf dem Fußballplatz so ungerecht? Warum zählt der Beifall des Publikums nichts? Franz Bekkenbauer hatte vor dieser Partie gemeint, es wäre das Beste für den Fußballsport, wenn sich die Arrivierten Argentinien, Deutschland, Italien und England für das Halbfinale qualifizieren würden. Hoffentlich hat er sich die Partie Kamerun gegen England zu Gemüte geführt. Kamerun war das Beste, was dem Fußball in Italien passieren konnte. „Wir haben nicht verloren, sondern das Spiel ist zu unseren Ungunsten ausgegangen", meinte Valeri Nepomniachi. Er hatte recht, so recht. Schade, daß die Mannschaft, die in Italien am meisten Spaß machte, für die nächste Weltmeisterschaft in den Vereinigten Staaten nicht automatisch qualifiziert ist.

Ehrenrunde im wahrsten Sinne des Wortes – die Kameruner in den Trikots ihrer Gegenspieler aus England verabschieden sich unter dem anerkennenden Beifall der Zuschauer von dieser WM, der sie einige Glanzlichter aufsetzten. Vor allem das Spiel gegen England geriet zur Demonstration beeindruckenden afrikanischen Fußballs. Von links: Roger Miller, Eugene Ekeke, Cyrille Makanaky und Stephen Tataw.

Halbfinale

Der Star, der aus dem Süden kam: Salvatore Schillaci, der Sizilianer, den die Tifosi wegen seiner Ähnlichkeit mit einem italienischen Komiker „Toto" nennen. Er war für das unglückliche Ergebnis gegen Argentinien, das dem Gastgeber den Weg ins Finale versperrte, nicht verantwortlich zu machen: 5 Tore hatte „Toto" für Italien geschossen...

Italien – Argentinien

Halbfinale

Italien – Argentinien (1:1) 3:4 n. Elfmeterschießen

EIN FUSSBALL-SOMMER GEHT ZU ENDE

Niemand in Italien hat sich in den Tagen der Weltmeisterschaft um das Leben danach gekümmert. Vergessen waren die schwierigen Verhandlungen im Metallbereich, keiner dachte an die hohe Staatsverschuldung, an das desolate Gesundheits- und Justizsystem. Von den Kosten für die Mondiale ganz zu schweigen. Von zehn Milliarden Mark, die „Italia 90" verschlungen haben soll, ist die Rede. Solange Azeglio Vicini, der Trainer der italienischen Mannschaft, von Sieg zu Sieg eilte im Olympiastadion in Rom, hatte dies alles keine Bedeutung. Doch dann kam das böse Erwachen, die Niederlage im Elfmeterschießen gegen Argentinien. Die Wirklichkeit hatte ein Land, das sich im Freudentaumel befand, eingeholt. Nur der Titel hätte viele Opfer gerechtfertigt. Nur der Sieg im Finale. Statt dessen geht es nach Bari, zur Partie um den dritten Platz. Die Ehrentribünen werden leer sein, die Prominenz wird sich verstekken, die Politiker, die hofften, sich im Glanz der erfolgreichen Fußballspieler sonnen zu können, wenden sich genauso ab wie die Barbesitzer, die Händler, die Taxifahrer und Hoteliers, die jetzt schimpfen über diese Weltmeisterschaft, die nicht den erhofften Gewinn brachte. Und dann auch noch diese sportliche Pleite, diese Enttäuschung, die alle Wunden, die kurzfristig verheilt schienen, wieder aufriß. Giuseppe Bergomi, der Kapitän, schleuderte Giftpfeile in Richtung seiner Landsleute im Süden Italiens. „Heute waren nicht alle für uns. Das war der Unterschied." Trainer Vicini stieß in das gleiche Horn. „Vom römischen Publikum waren wir eine andere Unterstützung gewohnt."

So schnell geht das, so einfach machten sich die Akteure die Begründung für das Ausscheiden aus dem Wettbewerb. Keine Spur von Selbstkritik. Die anderen, die Zuschauer im Stadion San Paolo, haben sich angeblich nicht wie richtige Italiener benommen, was so nicht stimmte. Die Neapolitaner waren keineswegs im Konflikt zwischen der Anfeuerung ihres Idols Diego Armando Maradona, der in Neapel residiert, und der Begeisterung für die Auswahl ihres eigenen Landes. Die zahlreichen Appelle an die nationale Einheit waren erhört worden, die Neapolitaner zeigten sich sogar erstaunlich diplomatisch. „Diego in den Herzen, Italien in den Chören" oder „Diego, Neapel liebt dich, aber Italien ist unser Vaterland", stand auf den Spruchbändern zu lesen. Nein, Italien war sich einig, und war da nicht auch Salvatore Schillaci, der Mann aus Messina, der vier Tore erzielt hatte bis zum Halbfinale, der das Volk zusammenwachsen ließ? Schillaci, mit dem ungläubigen, verstörten Blick, war zum Nationalhelden aufgestiegen, hatte das Nord-Süd-Gefälle während der Zeit der Weltmeisterschaft ausgegli-

Italien – Argentinien

nierte er Vialli, der versagt hatte bisher in dieser Weltmeisterschaft? Warum setzte er auf den hausbackenen Mitläufer Luigi de Agostini, statt auf den intelligenteren Lenker Carlo Ancelotti zu vertrauen? Mittelfeldstar Giannini tobte: „Warum nahm er mich raus? Ich bin Italiens bester Elfmeterschütze." Aber auch diesmal nur Selbstmitleid statt Selbstkritik. „Wir wissen ja, wie es gehen kann im Fußball. Wir neigen dazu, uns ein Urteil nach dem Ergebnis zu bilden", sagte Vicini. Und dann noch dieses: „Ich hab' ein sauberes Gewissen." Und auch Zenga wehrte sich. „Die Argentinier, die in Italien ihr Geld verdienen, haben mich die ganze Zeit provoziert." Aber er machte auch eine Ausnahme: „Nur Maradona nicht." Überhaupt Diego: Auch wenn er nicht in der Form spielte wie vor vier Jahren, so ist er doch das Herz der argentinischen Mannschaft. Unter seiner unermüdlichen Antriebskraft entrissen die Südamerikaner den Gastgebern mit zunehmender Spielzeit

chen. Nein, der Wechsel von Rom nach Neapel war kein Grund für die Niederlage. Außerdem schoß Schillaci Italien in der 18. Minute in Führung.

Alles fing so verheißungsvoll an.

Ohne Gegentor war die italienische Mannschaft bis dahin geblieben. Walter Zenga, der Torhüter, der so gelangweilt schauen kann und der doch so heißblütig ist, hatte einen WM-Rekord aufgestellt. Doch ausgerechnet Zenga unterlief der wohl folgenschwerste Fehler seines Lebens ausgerechnet im Spiel gegen Argentinien. In der 73. Minute berechnete er eine Flanke falsch, lief aus seinem Tor, griff neben den Ball, Caniggia lenkte ihn mit dem Hinterkopf (wie weiland Uwe Seeler in Mexiko) ins Tor. Zenga, der gerne so groß werden möchte wie der große Dino Zoff, Zenga wurde zu Recht zu einem der Sündenböcke gestempelt, Vicini, der Trainer, zwangsläufig zum anderen. Fragen prasselten mit der Schärfe von Messerstichen auf ihn ein. Warum verzichtete er auf Baggio, warum nomi-

Großes Foto: Der Moment, der Italien in Trauer stürzen sollte: Sergio Goycochea hält den entscheidenden Elfmeter.

Darunter: Freundschaftliche Geste zwischen Franco Baresi (links) und Claudio Paul Caniggia.

Halbfinale

die Macht im Mittelfeld. Und Maradona war diesmal auch Vorbild beim Elfmeterschießen. Lässig schob er den Ball ins Tor, nachdem er Zenga in die andere Ecke geschickt hatte. „Ich hatte große Angst, weil Zenga mich kennt. Aber ich habe nur an meine beiden Töchter gedacht. Ihnen habe ich das Tor geschenkt." Argentinien mußte sogar eine Hälfte der Verlängerung mit zehn Mann auskommen, nachdem Giusti nach einem bösen Ellbogenschlag gegen den eingewechselten Baggio des Feldes verwiesen worden war. Eine Aktion, die mehr die Italiener verwirrte, als die Argentinier aus dem Gleichgewicht brachte.

Vielleicht war es auch die Gewißheit, mit den Göttern einen Bund geschlossen zu haben, die Argentinien so stark machte. Zweimal waren sie schon so gut wie ausgeschieden. Zweimal schafften sie die Wende. „Die Italiener schienen plötzlich Angst vor uns zu haben", erzählte Burruchaga. Auf jeden Fall zitterten sie bei den Strafstößen. Donadoni und Serena scheiterten an Sergio Javier Goycochea, Argentiniens neuem Helden, der vier Monate vor der Weltmeisterschaft noch ohne Verein gewesen war. Seine Nominierung war eine der ungewöhnlichen Entscheidungen von Dr. Carlos Bilardo, der nach dem Einzug ins Finale erstmals freimütig zugab, daß er Fehler begangen habe wie andere Menschen auch. Aber nach der gründlich vergeigten Ouvertüre gegen Kamerun fühlten sich die Argentinier wie ein angeschlagener Boxer, der noch Kräfte hat, im rechten Augenblick zurückzuschlagen. „Es war der Wille Argentiniens, der den Sieg ermöglichte", sagte Maradona, der im Augenblick des großen Triumphes auch an seine Kollegen vom SSC Neapel dachte. „Ich bin sehr glücklich, das Finale erreicht zu haben, aber auch sehr traurig, daß ich meinen Freunden de Napoli, Ferrara und Carnevale das antun mußte".

Der Traum Italiens ist verglüht wie eine Sternschnuppe. „Ich habe fünf Tore geschossen für nichts und wieder nichts", jammerte der sympathische Schillaci. Bergomi glaubt, daß in einem Land, in dem Fußball mehr ist als bloßer Zeitvertreib, der Stachel der Schmach noch lange tief sitzen wird. „Wir brauchen Monate, um das zu vergessen." Es war die erste ruhige Nacht in Italien während der Weltmeisterschaft. Die Hupen der Autos schwiegen, die Menschen weinten still vor sich hin. »Un estate italiano«, ein italienischer Fußballsommer, war zu Ende gegangen.

„Toto" Schillaci erfrischt sich nach Ende der regulären Spielzeit und vor Beginn der Verlängerung, die mit dem Elfmeterschießen zuungunsten der Italiener enden sollte.

Deutschland – England

Deutschland England (0:0) 1:1 – nach Verlängerung 1:1, im Elfmeterschießen 5:4

HELD DES TAGES BODO ILLGNER

In dem Moment, als bei Waddles Schuß vom Elfmeterpunkt der Ball in den Turiner Nachthimmel flog und somit nach dem Halbfinalkrimi gegen England endgültig feststand, daß Beckenbauer und seine Gladiatoren im römischen Finale den Argentiniern gegenüberstehen, da ließ der Teamchef seine Freude ungehemmt nach außen. Klatschend und jubelnd lief er aufs Spielfeld und umarmte seine Spieler.

„Das war", sprach bei der Pressekonferenz ein immer noch strahlender Franz im Glück, „einfach ein Super-Abend. Es war für uns das erwartet schwere Spiel. Aber ich habe wenige Spiele in Erinnerung, die so gut waren. Die beste Werbung für den Fußball." Nur eines konnte die allgemeine Freude des Teamchefs etwas trüben: „Es ist schon bedauerlich, daß ein solches Spiel durch Elfmeterschießen entschieden wird." Da taten ihm die Engländer ein bißchen leid. Doch seinem Kollegen Robson, der sich nach dem Abpfiff sofort für die Abschaffung der Elfmeterschießen aussprach („Man sollte ‚Sudden-Death' spielen"), mochte Beckenbauer nicht zustimmen. „Man kann nicht ewig weiterspielen, bis vielleicht mal ein Tor fällt."

Franz Beckenbauer war auch in Turin wieder seiner Devise treu geblieben. „Wer nicht hundertprozentig fit ist", hatte der DFB-Teamchef bisher immer betont, „der spielt nicht." Deshalb durfte es auch nicht verwundern, daß Pierre Littbarski (Folgen einer Außenbanddehnung am rechten Knie) und Uwe Bein (Nachwirkungen einer Oberschenkel-Prellung) noch nicht einmal als Ersatzspieler nominiert worden waren. Dafür im Team: Thomas Häßler, der nach seinem Muskelfaserriß ein Comeback feierte, und Olaf Thon vom FC Bayern, der erstmals von Beginn an spielen durfte bei dieser WM. Zwei dribbelstarke Offensivkräfte also, die gegen die kopfballstarken Abwehrrecken von der Insel die „Bodenkämpfe" gewinnen sollten.

Als sich das DFB-Team nach über einer halben Stunde allmählich eingestellt hatte auf die starken Engländer, die durch Gascoigne (25.) und Pearce (31.) durchaus in Führung hätten gehen können, mußte Rudi Völler verletzt ausscheiden. Des Walker hatte den Torjäger rüde von den Beinen geholt, humpelnd verließ daraufhin Völler den Platz – und Beckenbauer ließ an dessen Stelle Karlheinz Riedle stürmen (38.). Aber auch der Bremer konnte vor der Pause keine gefährliche Aktion mehr bieten. 0:0 hieß es zur Halbzeit in einer Partie, die die nur 50 000 Zuschauer nicht hatte begeistern können. Den Ball möglichst in den eigenen Reihen halten, hieß die Devise bei beiden Teams, keines wollte ein Risiko eingehen.

Nach dem Seitenwechsel versuchte die deutsche Mannschaft endlich ihr Spiel nach vorne zu forcieren. Jetzt wurde der Ball schneller abgespielt, die Positionen wurden häufiger gewechselt. Und hätte der 40jährige Peter Shilton nicht so glänzend pariert gegen den Münchner Olaf Thon, wären die Mannen von Franz Beckenbauer in der 52. Minute in Führung gegangen.

Aber in der 60. Minute wehten dann die schwarz-rot-goldenen Fahnen im weiten Rund, jubelten die deutschen Spieler über das 1:0. Nach einem Foul an Häßler hatte die deutsche Elf von Schiedsrichter Wright aus Brasilien einen Freistoß wenige Meter vor der Strafraumgrenze erhalten, Thon tippte den Ball leicht an und Brehme „hämmerte" das von Parker noch abgefälschte Leder über den zu weit vor seinem Tor postierten Shilton ins Netz.

Die Engländer mußten nun kommen und taten das auch, was natürlich Konterchancen eröffnete, die immer wieder gefährlich waren. Und dann die 80. Minute: Eine lange Flanke in Richtung auf Gary Lineker, der bis zu diesem Zeitpunkt bei Kohler in besten

Halbfinale

Händen war, doch jetzt sprang der Ball ausgerechnet ihm gegen den Oberschenkel, vorbei an Augenthaler und Berthold, Lineker direkt vor die Füße, und der zögert nicht den Bruchteil einer Sekunde, ihn ins Tor zu treten.

Nach diesem Gegentreffer zehn Minuten vor dem Ende der regulären Spielzeit folgte noch ein kurzer Sturmlauf der Engländer, und dann schienen sich beide Mannschaften mit dem Gedanken an die Verlängerung abgefunden zu haben. Und die begann sehr vielversprechend mit zwei dicken Chancen für Jürgen Klinsmann, der jedoch den Ball nicht im Tor unterbringen konnte. Aber die Engländer spielten munter weiter und straften die Experten Lügen, die ihnen nach dem schweren Spiel mit Verlängerung gegen Kamerun mangelnde Kondition nachgesagt hatten. Chris Waddle traf nur den Pfosten, kurz darauf hatte Guido Buchwald das gleiche Pech.

Der gut leitende brasilianische Schiedsrichter Wright pfiff nach einem spannenden und sehr ausgeglichenem Spiel zum Elfmeterschießen. Sechs Schützen, sechs Treffer: Lineker, Brehme, Beardsley, Matthäus, Platt und Riedle, und dann ist Pearce an der Reihe – Bodo Illgner fliegt nach links und erwischt den Ball dennoch mit dem Knie. Olaf Thon verwandelt sicher. Dann läuft Chris Waddle an und knallt den Ball in die Turiner Nachtluft – aus für England.

Und nun kamen Szenen, wie man sie sich öfter während dieser Weltmeisterschaft gewünscht hätte. Gute Verlierer und glückliche Gewinner lagen sich in den Armen, erkannten die Leistung des Gegners an. Nach einer harten, aber fairen Partie, die 120 Minuten guten Fußball geboten und bei der viel auf dem Spiel gestanden hatte, trennten sich zwei Mannschaften nach gleichwertigen Leistungen – ein Quentchen Glück hatte letztlich entschieden. Das Ergebnis: Deutschland im Finale gegen Argentinien, und England rehabilitierte sich für die dürftigen Leistungen in der Vorrunde.

Beckenbauers Mannen hatten die Endstation Sehnsucht erreicht.

Deutschland – England

Oben: Der Held von Turin in Siegerpose. Bodo Illgner wehrte den Schuß von Pearce mit den Beinen ab und legte damit den Grundstein für den Sieg.

Links: Der Gegenspieler Illgners, Peter Shilton, muß nicht nur nach dem ersten Elfmeter (unser Bild) hinter sich greifen, sondern kann auch keinen der noch folgenden Schüsse halten. Aus für England.

Halbfinale

Im Gegenteil zu ihren fanatisierten Fans bewiesen die Engländer – im Bild Mark Wright mit Jürgen Klinsmann – einmal mehr besten britischen Sportsgeist. Als Lohn wurden sie von der FIFA mit dem „Fair-Play-Pokal" ausgezeichnet.

Deutschland – England

Spiel um den 3. Platz
England – Italien (0:0) 1:2

KURIOSE TORE, SPONTANE FREUDE

Beinahe zerflossen waren sie vor Selbstmitleid nach der Niederlage gegen Argentinien im Elfmeterschießen, hatten Ungerechtigkeit beklagt, und der Eindruck war entstanden: Sie fühlten sich verlassen von Italien und der ganzen Welt. Azeglio Vicini, der Trainer der Squadra Azzurra, hatte sogar die Neapolitaner ein klein bißchen dafür verantwortlich gemacht, daß nun statt der Mannschaft des Gastgebers die des Titelverteidigers in das Finale eingezogen war. „Vom römischen Publikum", so Vicini, „waren wir eine andere Unterstützung gewohnt." Die Engländer, ebenfalls erst nach Elfmeterschießen ins Spiel um Platz drei straf(stoß)befördert, jammerten nicht ganz so laut, doch auch sie waren sich sicher, eigentlich ein richtiges Endspiel verdient zu haben.

Nun würde es also wieder eines dieser unsäglichen Spiele um Platz drei geben zwischen zwei frustrierten Teams vor Zuschauern, die sich um die große Show betrogen fühlen. Doch wer weiß, woran es lag, vielleicht an der Herzlichkeit der Menschen in Bari, an der Tatsache, daß diese während der Weltmeisterschaft nicht gerade mit großen Spielen verwöhnt worden waren, oder an dem Willen aller Akteure, sich mit einer würdigen Leistung vom Fest „Italia 90" zu verabschieden. Das Stadion Vittoria war zwar nur zu zwei Drittel gefüllt, doch auch Schwung und Stimmkraft der restlichen 50 000 reichten aus, um diesem Spiel buntes Leben einzuhauchen.

Die Engländer stürmten, als hätte es die kraftraubenden Auftritte inklusive Verlängerung in Halb- und Viertelfinale nicht gegeben. Überhaupt war es kaum zu glauben, welche Wandlung sich da zum Ende der Weltmeisterschaft vollzog. In den ersten Wochen noch gescholten wegen ihres einfallslosen Kick-and-rush-Fußballs und vermeintlicher technischer Schwächen, gelang es ihnen, in den beiden letzten Spielen mehr für ihren Ruf zu tun als in Jahren zuvor. Wenn auch Paul Gascoigne und mit ihm Unverwechselbares fehlte, bewies der Rest der Truppe, daß diese Mannschaft eine Zukunft hat. Bobby Robson, der Chef, der sein Team nach acht Jahren verläßt, um als Vereinstrainer beim PSV Eindhoven zu arbeiten, hinterließ seinem Nachfolger vor allem zwei Entdeckungen: Paul Wright in der Rolle des Libero und den gleichermaßen eleganten wie gefährlichen David Platt, den Stürmer mit dem Milchgesicht.

Zum Spiel: Gut war's, schnell war's, besser als die Mehrzahl bei dieser Weltmeisterschaft, und ein paar kuriose Tore fielen obendrein. Knapp 20 Minuten waren noch zu spielen, als Roberto Baggio sich an Eng-

Oben: Der Sieg im Spiel um den dritten Platz gegen England ließ viele Italienerinnen und Italiener die Enttäuschung darüber vergessen, daß man das Finale nicht erreicht hatte.

Rechts: Der dynamische, große „alte" Mann dieses Turniers, Peter Shilton (40).

England – Italien

lands Torhüter Peter Shilton heranschlich, ihn überrumpelte, den Ball abjagte und den schließlich nach etlichen rhythmischen Drehungen ins Netz beförderte. Wie ein Anfänger sah Shilton da aus; ein 40 Jahre alter Anfänger. Aber das sei wirklich nicht der Grund gewesen, versicherte Shilton nach dem Spiel, warum er nun seine Karriere im Nationaltor beenden wolle. „Die Zeit ist reif, daß ich abtrete", sagte er. Es paßte zum Verlauf des gesamten Spiels, daß sich die Engländer mit diesem Rückstand nicht abfinden wollten. Zehn Minuten nach Baggios 1:0 setzte sich Platt gegen zwei italienische Verteidiger durch und köpfte den Ball zum 1:1 unhaltbar für Zenga ins Tor.

Tja, und der Schlußakkord? Wem hätten die Tifosi den letzten Tusch mehr gegönnt als ihrer WM-Entdeckung Salvatore „Toto" Schillaci? Fünf Minuten waren noch zu spielen, als der Volksheld aus Sizilien im Strafraum gefoult wurde, Schiedsrichter Joël Quiniou, ohne zu zögern, auf Elfmeter entschied. Schillaci mußte selbst schießen, da gab es keine Frage; er lief an und traf und sicherte sich so den Platz nicht nur in den Herzen seiner Landsleute, sondern auch in den Annalen des Fußballs. Denn mit insgesamt sechs Treffern war „Toto" der Torschützenkönig dieser WM.

Daß die Italiener ein weiteres Tor erzielten und dieses wegen angeblichen Abseits nicht anerkannt wurde, ging unter im Jubel nach dem Schlußpfiff. Und eindrucksvoller noch als das Geschehen während des Spiels war das, was nach dem Ende der Partie auf Rasen und Rängen passierte. Diese ganz spontane Freude wollte einfach kein Ende nehmen. Italiener und Engländer in weißen Trikots feierten gemeinsam, liefen eine Ehrenrunde zusammen und nährten für eine halbe Stunde wieder die Illusion von der völkerverbindenden Wirkung des Fußballs. Und von den 50 000 auf den Rängen verließ keiner seinen Platz, ehe nicht der letzte bunte Spot des prächtigen Feuerwerks über Vittopria erloschen war. Und dann gingen sie alle zusammen hinaus in die italienische Nacht.

Endspiel
Argentinien – Deutschland (0:0) 0:1

Um 21.50 Uhr hob Señor Edgardo Codesal Mendez beide Hände und beendete mit einem langezogenen Pfiff die Partie. Binnen Sekunden verwandelte sich das Geschehen auf dem Rasen in eine Art Tollhaus. Vor Freude weinend ritt Jürgen Klinsmann auf der Schulter von Masseur Eder, dessen Kollege Montag und Teamchef Franz Beckenbauer hielten sich lang und innig umarmt. Auf der anderen Seite weinte auch Diego Maradona, verbittert und maßlos enttäuscht, während auf der Tribüne Bundeskanzler Helmut Kohl gerührten Blickes auf seine siegreichen Untertanen schaute. Um 22.03 an diesem heißen römischen Sonntagabend bestieg Kapitän Lothar Matthäus als erster das Siegerpodest und nahm zunächst einen Händedruck des italienischen Staatspräsidenten Cossiga entgegen und dann den Weltpokal: Die Bundesrepublik Deutschland feierte den dritten Weltmeistertitel nach 1954 und 1974. Das 1:0 durch ein Elfmetertor von Andreas Brehme (84. Minute) über den Titelverteidiger Argentinien war ein eher mageres Ergebnis für eine großartige Fußballdemonstration.

Der Hauptverantwortliche für diesen großen Erfolg, Franz Beckenbauer, zog derweil einsame Runden im Mittelkreis. Der Mann wollte seinen persönlichen Triumph im lärmenden Olympiastadion für ein paar

DER CUP KAM IN DIE RECHTEN HÄNDE

Sekunden vor dem Anpfiff des Finales: die beiden 10er, Diego Armando Maradona und Lothar Matthäus, beim Händedruck mit Wimpeltausch.

Argentinien – Deutschland

Endspiel

Momente ganz allein auskosten. Die fest seitlich an die Hosennaht gepreßten Hände signalisierten die Gefühle des Teamchefs: Diesen Sieg, den habe ich in der Tasche.

Niemand, nicht einmal der Gegner später, hat Zweifel an der Rechtmäßigkeit geübt. Beckenbauers Männer sind die wahren Champions dieses Turniers gewesen. „Es gab keine Mannschaft, die uns das Wasser reichen konnte", sagte er selbst. „Niemand hat es so verdient wie wir, weil wir in allen sieben WM-Spielen hervorragende bis gute Leistungen gebracht haben."

Und das besonders in diesem Finale. „Wir haben Argentinien an die Wand gespielt, die hatten in 90 Minuten nicht eine Torchance", meinte der Kaiser, und keiner hätte ihm widersprechen können. Sein Nachfolger Berti Vogts bestätigte den Meister: „Es war ein Sieg für die, die Fußball spielen wollten."

Das genau hatten sich die Argentinier nicht vorgenommen, ihr einziges Ziel bestand darin, kaputt zu machen, was der Gegner aufbaute, mit sieben, acht Spielern versuchten sie ihr Tor zu verbarrikadieren, ohne selbst auch nur einmal den Kasten des bundesdeutschen Schlußmannes Bodo Illgner in Gefahr zu bringen. Bezeichnend, daß der seinen ersten Ballkontakt nach weit über einer halben Stunde hatte – durch eine Rückgabe von Jürgen Kohler. „Schade, daß sie nicht mitgespielt haben, so schwach waren, deshalb hat das Finale nicht das erwartete Niveau gehabt, aber wir konnten uns den Gegner nicht aussuchen", sagte Beckenbauer.

Beklagenswert am Spiel der Deutschen, die nach der Pause wohl das ansehnlichste Stück Weltmeisterschaft boten, blieb lediglich der mißliche Umstand, daß sie aus ihren Möglichkeiten sowenig Kapital schlugen. Und so mußte denn ein zweifelhafter Elfmeter (Beckenbauer: „Da hat der Rudi Völler ein wenig nachgeholfen") für die Entscheidung herhalten. „Schieß du", hatte Lothar Matthäus, der zur Halbzeit seinen rechten Spezialschuh (Größe 40,5) mit einem anderen hatte austauschen müssen, dem Kollegen Andy Brehme zugerufen. Der Mailänder Linksverteidiger bezwang nervenstark den als „Elfmetertöter" in die Geschichte dieser WM eingegangenen Torhüter Goycochea mit einem trockenen Schuß in die linke Ecke.

„Du kannst nicht gegen andere Mächte ankämpfen", haderte darob Argentiniens Kapitän Diego Maradona. Gemeint waren ein gnadenloses Publikum, das den Star des internationalen Fußballs von Anfang an auspfiff, und vor allem der mexikanische Schiedsrichter, der zudem zwei aus der

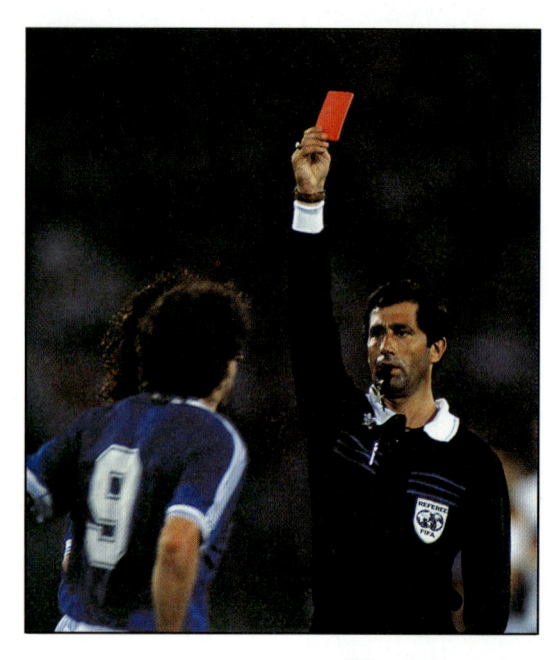

Oben: Wegen einer Tätlichkeit gegen Kohler sah er die rote Karte: der Stürmer Gustav Abel Dezotti.

Rechts: Der Meister und sein nicht weniger meisterlicher Schatten – Maradonas spielerische Genialität wurde von Guido Buchwald glänzend gebremst.

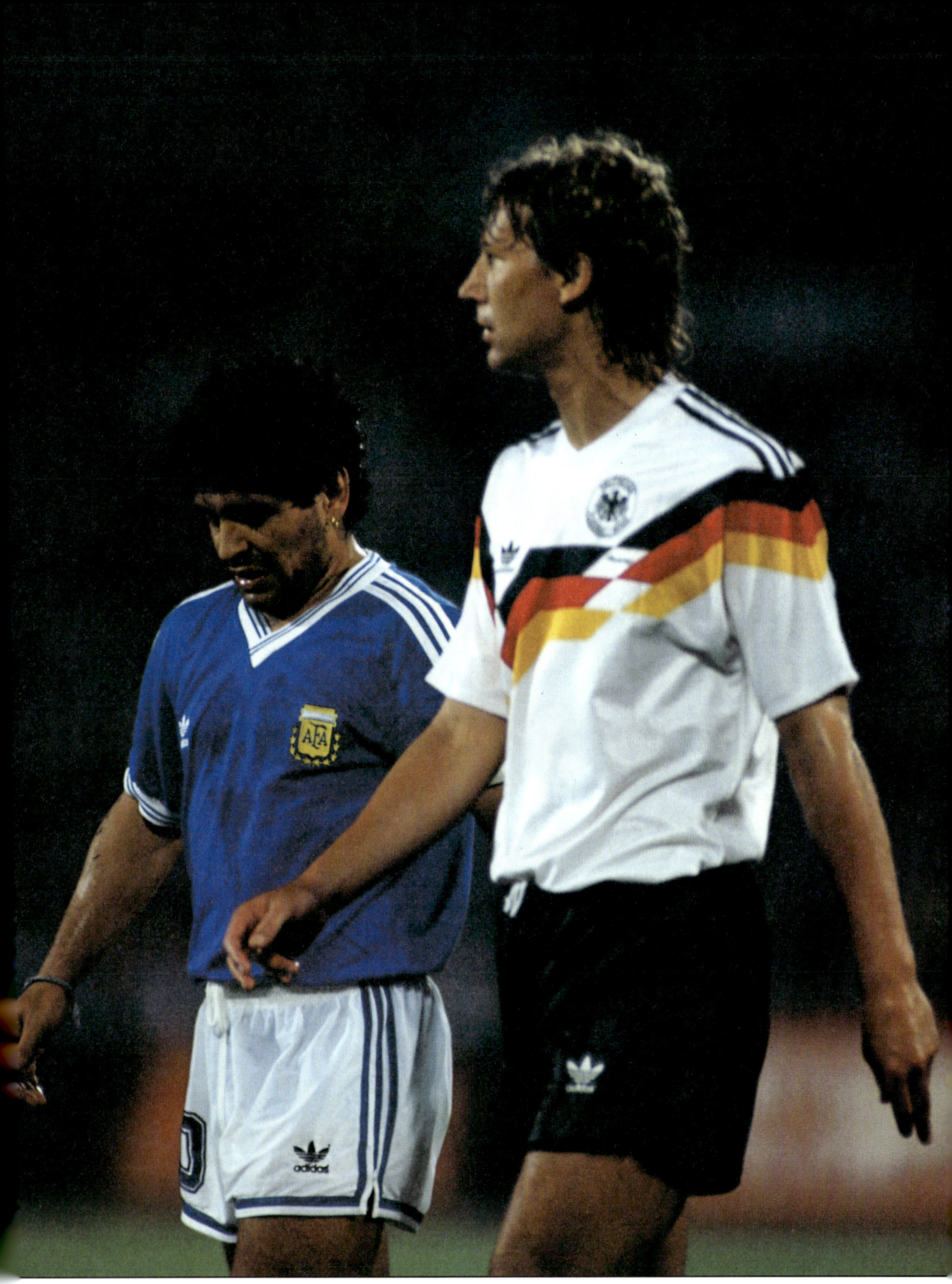
adidas

Endspiel

Mannschaft von Trainer Carlos Bilardo des Feldes verwies, Monzon wegen Foulspiels an Klinsmann, Dezotti wegen einer Tätlichkeit an Kohler.

Doch das hat kaum Einfluß auf das Resultat genommen, zu groß war die Überlegenheit der Bundesdeutschen (Beckenbauer: „Das war ein Spiel auf ein Tor, irgendwann hätten wir auch so einen Treffer gemacht, und wenn es in der Verlängerung gewesen wäre"). Die Südamerikaner, „denen allein der liebe Gott hätte helfen können durch einen 60-m-Schuß oder so" (Andreas Brehme) hatten nicht den Hauch einer Chance. Weil Maradona gegen den Stuttgarter Guido Buchwald einen vollkommen aussichtslosen Kampf führte. „Wenn man alle sieben WM-Spiele betrachtet, dann nimmt Buchwald die erste Stelle bei uns ein", lobte sein Teamchef. Andere wie Lothar Matthäus, den Beckenbauer als „Superstar der Weltmeisterschaft" erachtete, Andreas Brehme, Thomas Häßler oder Rudi Völler waren nicht schwächer in einer Mannschaft voller

Rechts: Er machte im Finale sein bestes Spiel bei dieser Weltmeisterschaft: Thomas Häßler, der quirlige Ex-Kölner und Neu-Italiener, nahm die Chance wahr, sich seinem neuen Arbeitgeber und den italienischen Fans in Bestform vorzustellen.

Folgende Doppelseite: Die Entscheidung des Finales – der wieder überragend spielende Andy Brehme verwandelt in der 85. Minute den Foulelfmeter gegen Argentiniens „Ersatztorhüter" Goycochea.

Argentinien – Deutschland

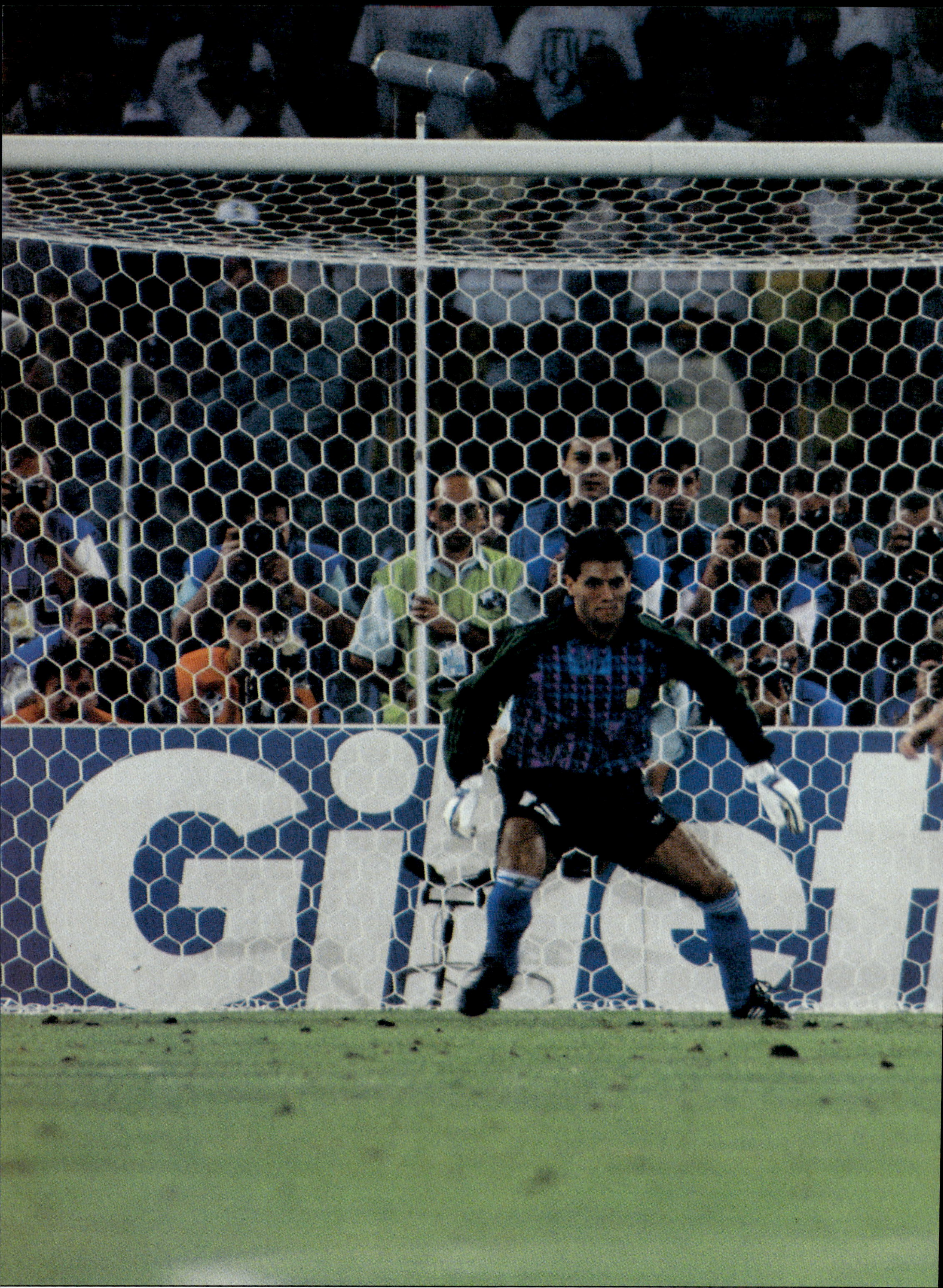

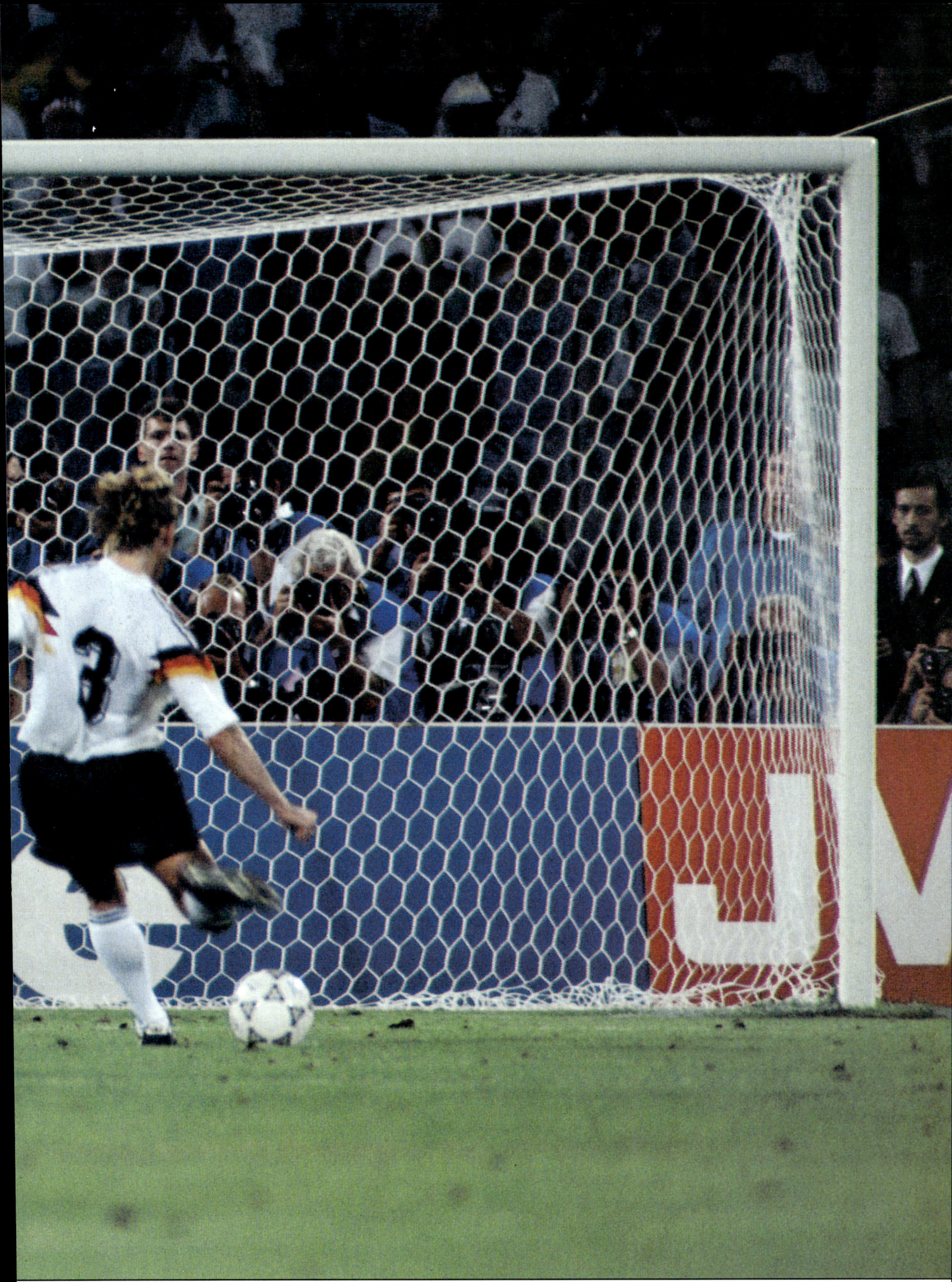

Endspiel

Oben: Verdienter Jubel nach dem Spiel, der sich auch bei den Fans in Deutschland West und Ost noch lange fortsetzte.

Links: Der Cup, um den sich die Fußballwelt drehte, nach 1954 und 1974 wieder in deutscher Hand.

Glanzpunkte, die auch in diesem Finale mit unerhörtem Selbstbewußtsein auftrat.

Eine kleine Episode vom Vortag belegt das sichere Gefühl der eigenen Stärke. Ihr vom Fußball-Weltverband anberaumtes Training im Olympiastadion hatten die Argentinier um ein paar Minuten überzogen. „Aber wir haben sie vom Platz gejagt. Daraufhin hatten sie die Hosen voll, und das haben wir ausgenutzt", feixte Beckenbauer. Nachsicht üben mit den Südamerikanern muß man freilich deshalb, weil sie immerhin fünf Stammspieler zu ersetzen hatten, ein Nachteil, den keine Mannschaft der Welt ohne weiteres ausgleichen kann.

Fußball-Deutschland schwelgt in Freude, und Franz Beckenbauer, der nun das Double des WM-Titels als Spieler und als Trainer erreicht hat, ebenfalls. Wenn nun noch nach der deutsch-deutschen Vereinigung die begabten Kicker aus der DDR hinzukämen, sagte er, „dann sind wir auf Jahre hinaus nicht zu besiegen, das tut mir leid für den Rest der Welt". Ein Sieger darf schon einmal ein wenig maßlos sein.

165

Die Spiele auf einen Blick

VORRUNDE

Gruppe A

Italien – Österreich	(0:0)	1:0
USA – ČSFR	(0:2)	1:5
Italien – USA	(1:0)	1:0
Österreich – ČSFR	(0:1)	0:1
Italien – ČSFR	(1:0)	2:0
Österreich – USA	(0:0)	2:1

Tabelle:
1. Italien	4:0	6:0
2. ČSFR	6:3	4:2
3. Österreich	2:3	2:4
4. USA	2:8	0:6

Gruppe B

Argentinien – Kamerun	(0:0)	0:1
UdSSR – Rumänien	(0:1)	0:2
Argentinien – UdSSR	(1:0)	2:0
Kamerun – Rumänien	(0:0)	2:1
Argentinien – Rumänien	(0:0)	1:1
Kamerun – UdSSR	(0:2)	0:4

Tabelle:
1. Kamerun	3:5	4:2
2. Rumänien	4:3	3:3
3. Argentinien	3:2	3:3
4. UdSSR	4:4	2:4

Gruppe C

Brasilien – Schweden	(1:0)	2:1
Costa Rica – Schottland	(0:0)	1:0
Brasilien – Costa Rica	(1:0)	1:0
Schweden – Schottland	(0:1)	1:2
Brasilien – Schottland	(0:0)	1:0
Schweden – Costa Rica	(1:0)	1:2

Tabelle:
1. Brasilien	4:1	6:0
2. Costa Rica	3:2	4:2
3. Schottland	2:3	2:4
4. Schweden	3:6	0:6

Gruppe D

V.A. Emirate – Kolumbien	(0:0)	0:2
Deutschland – Jugoslawien	(2:0)	4:1
Jugoslawien – Kolumbien	(0:0)	1:0
Deutschland – V.A. Emirate	(2:0)	5:1
Deutschland – Kolumbien	(0:0)	1:1
Jugoslawien – V.A. Emirate	(2:1)	4:1

Tabelle:
1. Deutschland	10:3	5:1
2. Jugoslawien	6:5	4:2
3. Kolumbien	3:2	3:3
4. V.A. Emirate	2:11	0:6

Gruppe E

Belgien – Südkorea	(0:0)	2:0
Uruguay – Spanien	(0:0)	0:0
Belgien – Uruguay	(2:0)	3:1
Südkorea – Spanien	(1:1)	1:3
Belgien – Spanien	(1:2)	1:2
Südkorea – Uruguay	(0:0)	0:1

Tabelle:
1. Spanien	5:2	5:1
2. Belgien	6:3	4:2
3. Uruguay	2:3	3:3
4. Südkorea	1:6	0:6

Gruppe F

England – Irland	(1:0)	1:1
Holland – Ägypten	(0:0)	1:1
England – Holland	(0:0)	0:0
Irland – Ägypten	(0:0)	0:0
England – Ägypten	(0:0)	1:0
Irland – Holland	(0:1)	1:1

Tabelle:
1. England	2:1	4:2
2. Irland	2:2	3:3
3. Niederlande	2:2	3:3
4. Ägypten	1:2	2:4

Die Spiele auf einen Blick

ACHTELFINALE

Kamerun – Kolumbien	(0:0) 2:1 n.V.	Irland – Rumänien	(0:0) 5:4 n. Elfm.
ČSFR – Costa Rica	(1:0) 4:1	Italien – Uruguay	(0:0) 2:0
Brasilien – Argentinien	(0:0) 0:1	Spanien – Jugoslawien	(1:1) 1:2 n.V.
Deutschland – Holland	(0:0) 2:1	England – Belgien	(0:0) 1:0 n.V.

VIERTELFINALE

Argentinien – Jugoslawien	(0:0) 3:2 n. Elfm.	ČSFR – Deutschland	(0:1) 0:1
Irland – Italien	(0:1) 0:1	Kamerun – England	(2:2) 2:3 n.V.

HALBFINALE

Argentinien – Italien	(1:1) 5:4 n. Elfm.	Deutschland – England	(1:1) 5:4 n. Elfm.

SPIEL UM DEN 3. PLATZ

Italien – England	(0:0) 2:1

ENDSPIEL

Deutschland – Argentinien	(0:0) 1:0

Mannschaften, Spiele, Tore

Alle 52 Spiele der XIV. Fußball-Weltmeisterschaft in Italien

MANNSCHAFTEN SPIELE TORE

Vorrunde

Gruppe A

Italien – Österreich 1:0
Austragungsort: Olympiastadion in Rom
Italien: Zenga; Baresi, Bergomi, Ferri, Maldini, Donadoni, Ancelotti (46. de Agostini), de Napoli, Giannini, Vialli, Carnevale (75. Schillaci)
Österreich: Lindenberger; Aigner, Russ, Pecl, Streiter, Artner (61. Zsak), Linzmaier (78. Hörtnagl), Schöttel, Herzog, Ogris, Polster
Tor: 1:0 Schillaci (78.)
Schiedsrichter: José Ramiz Wright (Brasilien)
Zuschauer: 72 303
Gelbe Karte: Herzog

USA – ČSFR 1:5
Austragungsort: Stadion Comunale in Florenz
USA: Meola; Windischmann, Trittschuh, Armstrong, Caligiuri, Stollmeyer (61. Balboa), Ramos, Harkes, Wynalda, Vermes, Murray (78. Sullivan)
ČSFR: Stejskal; Kocian, Kadlec, Straka, Bilek, Hasek, Kubik, Chovanec, Moravcik (82. Weiss), Skuhravy, Knoflicek (77. Luhovy)
Tore: 0:1 Skuhravy (25.), 0:2 Bilek (39., Foulelfmeter), 0:3 Hasek (50.), 1:3 Caligiuri (59.), 1:4 Skuhravy (79.), 1:5 Luhovy (90.)
Schiedsrichter: Kurt Röthlisberger (Schweiz)
Zuschauer: 33 266
Gelbe Karten: Meola, Trittschuh – Kubik, Kadlec
Rote Karte: Wynalda wegen Tätlichkeit (51.)

Italien – USA 1:0
Austragungsort: Olympiastadion in Rom
Italien: Zenga; Baresi, Bergomi, Ferri, de Napoli, Donadoni, Giannini, Berti, Maldini, Vialli, Carnevale (52. Schillaci)
USA: Meola; Windischmann, Doyle, Armstrong, Ramos, Balboa, Harkes, Caligiuri, Banks (81. Stollmeyer), Murray
Tor: 1:0 Giannini (12.)
Schiedsrichter: Edgardo C. Mendez (Mexiko)
Zuschauer: 73 423
Gelbe Karten: Ferri – Banks

Österreich – ČSFR 0:1
Austragungsort: Stadion Comunale in Florenz
Österreich: Lindenberger; Aigner, Russ (46. Streiter), Pecl, Pfeffer, Zsak, Schöttel (46. Ogris), Herzog, Hörtnagl, Rodax, Polster
ČSFR: Stejskal; Kocian, Nemecek, Kadlec, Bilek, Hasek, Kubik, Chovanec (31. Bielik), Moravcik, Skuhravy, Knoflicek (82. Weiss)
Tor: 0:1 Bilek (30., Foulelfmeter)
Schiedsrichter: George Smith (Schottland)
Zuschauer: 38 962
Gelbe Karten: Pecl, Zsak, Pfeffer, Aigner, Streiter – Moravcik, Kubik

Italien – ČSFR 2:0
Austragungsort: Olympiastadion in Rom
Italien: Zenga; Baresi, Bergomi, Ferri, de Napoli (66. Vierchowod), Donadoni (51. de Agostini), Giannini, Berti, Maldini, Baggio, Schillaci
ČSFR: Stejskal; Kadlec, Kinier, Nemecek (46. Bielik), Hasek, Moravcik, Chovanec, Bilek, Weiss (59. Griga), Skuhravy, Knoflicek
Tore: 1:0 Schillaci (10.), 2:0 Baggio (78.)
Schiedsrichter: Joel Quiniou (Frankreich)
Zuschauer: 73 303
Gelbe Karten: Baggio, Berti – Chovanec, Skuhravy

Österreich – USA 2:1
Austragungsort: Stadion Comunale in Florenz
Österreich: Lindenberger; Aigner, Pecl, Pfeffer, Artner, Herzog, Zsak, Streiter, Ogris, Polster (46. Reisinger), Rodax (85. Glatzmayer)
USA: Meola; Windischmann, Armstrong, Doyle, Banks (56. Wynalda), Caligiuri (76. Bliss), Ramos, Balboa, Harkes, Vermes, Murray
Tore: 1:0 Ogris (50.), 2:0 Rodax (63.), 2:1 Murray (84.)
Schiedsrichter: Jamal Al Sharif (Syrien)
Zuschauer: 34 857
Gelbe Karten: Zsak, Pecl, Streiter, Lindenberger, Reisinger – Banks, Windischmann, Caligiuri, Murray
Rote Karte: Artner wegen groben Foulspiels (33.)

Gruppe B

Argentinien – Kamerun 0:1
Austragungsort: Giuseppe-Meazza-Stadion in Mailand
Argentinien: Pumpido; Simon, Fabbri, Ruggeri (46. Caniggia), Basualdo, Lorenzo, Batista, Burruchaga, Sensini (70. Calderon), Balbo, Maradona
Kamerun: N'Kono; N'Dip, Massing, Tataw, Makanaky (82. Miller), Ebwelle, Mbouh, Kana-Biyik, Kunde, Mfede (66. Libiih), Omam-Biyik
Tor: 0:1 Omam-Biyik (66.)
Schiedsrichter: Michel Vautrot (Frankreich)
Zuschauer: 73 780
Gelbe Karten: Sensini; Massing, N'Dip, Mbouh
Rote Karten: Kana-Biyik (61.) wegen groben Foulspiels und für Massing (89.) wegen wiederholten Foulspiels

UdSSR – Rumänien 0:2
Austragungsort: Stadion Vittoria in Bari
UdSSR: Dassajew; Chidijatulin, Bessonow, Kusnetzow, Gorlukowitsch, Litowtschenko (66. Jaremtschuk), Sawarow, Raz, Aleijnikow, Protassow, Dobrowolski (72. Borodjuk)
Rumänien: Lung; Rednic, Klein, Andone, Gheorge Popescu, Sabau, Rotariu, Timofte, Lupescu, Lacatus (87. Dumitrescu), Raducioiu (81. Balint)
Tore: 0:1 Lacatus (41.), 0:2 Lacatus (55., Handelfmeter)
Schiedsrichter: Juan D. Cardellino (Uruguay)
Zuschauer: 20 000
Gelbe Karten: Chidijatulin

Argentinien – UdSSR 2:0
Austragungsort: Stadion San Paolo in Neapel
Argentinien: Pumpido (9. Goycochea); Simon, Olartigoechea, Serrizuela, Monzon (79. Lorenzo), Batista, Basualdo, Burruchaga, Troglio, Caniggia, Maradona
UdSSR: Uwarow; Chidijatulin, Gorlukowitsch, Sigmantowitsch, Bessonow, Schalimow, Kusnetzow, Sawarow (86. Ljuty), Aleijnikow, Dobrowolski, Protassow (74. Litowschenko)

Tore: 1:0 Troglio (27.), 2:0 Burruchaga (80.)
Schiedsrichter: Erik Frederiksson (Schweden)
Zuschauer: 55 759
Gelbe Karten: Serrizuela, Caniggia, Maradona, Olatigoechea – Sigmantowitsch
Rote Karte: Bessonow wegen Foulspiels (48.)

Kamerun – Rumänien 2:1
Austragungsort: Stadion Vittoria in Bari
Kamerun: N'Kono; Tataw, Kunde (70. Pagal), Onana, Ebwelle, N'Dip, Mbouh, Mabdan (57. Miller) Mfede, Omam-Biyik, Makanaky
Rumänien: Lung; Rednic, Andone, Klein, Popescu, Rotariu, Sabau, Hagi (56. Dumitrescu), Timofte, Lacatus, Raduicioiu (63. Balint)
Tore: 1:0, 2:0 Miller (78., 87.), 2:1 Balint (88.)
Schiedsrichter: Hernan Silva Arce (Chile)
Zuschauer: 15 000
Gelbe Karten: Onana, N'Kono – Klein

Argentinien – Rumänien 1:1
Austragungsort: Stadion San Paolo in Neapel
Argentinien: Goycochea; Simon, Serrizuela, Monzón, Troglio (53. Giusti), Basualdo, Burruchaga (62. Dezotti), Batista, Olartigoechea, Caniggia, Maradona
Rumänien: Lung; Gheorghe Popescu, Rotariu, Andone, Rednic, Lupescu, Sabau (84. Mateut), Hagi, Klein, Lacatus, Balint (73. Lupu)
Tore: 1:0 Monzón (62.), 1:1 Balint (68.)
Schiedsrichter: Carlos Silva Valente (Portugal)
Zuschauer: 52 733
Gelbe Karten: Serrizuela, Batista – Lacatus, Hagi, Lupescu

Kamerun – UdSSR 0:4
Austragungsort: Stadion Vittoria in Bari
Kamerun: N'Kono; Jules, Ebwelle, Kunde (34. Miller), Tataw, N'Dip, Kana-Biyik, Mbouh, Mfede, Omam-Biyik, Makanaky (57. Pagal)
UdSSR: Uwarow; Chidijatulin, Sigmantowitsch, Gorlukowitsch, Schalimow (46. Sawarow), Kusnetzow, Demjanenko, Litowtschenko (73. Jaremtschuk), Aleijnikow, Protassow, Dobrowolski
Tore: 0:1 Protassow (20.), 0:2 Sigmantowitsch (29.), 0:3 Sawarow (53.), 0:4 Dobrowolski (63.)
Schiedsrichter: José Wright (Brasilien)
Zuschauer: 37 307
Gelbe Karten: Miller, Kana-Biyik – Chidijatulin, Protassow

Gruppe C

Brasilien – Schweden 2:1
Austragungsort: Stadion delle Alpi in Turin
Brasilien: Taffarel; Galvao, Mozer, Ricardo Gomez, Jorginho, Alemao, Dunga, Valdo (85. Silas), Branco, Muller, Careca
Schweden: Ravelli; Roland Nilsson, Ljung (70. Strömberg), Larsson, Schwarz, Limpar, Thern, Ingesson, Joakim Nilsson, Magnusson (46. Pettersson), Brolin
Tore: 1:0, 2:0 Careca (41., 63.), 2:1 Brolin (79.)
Schiedsrichter: Tullio Lanese (Italien)
Zuschauer: 64 628
Gelbe Karten: Mozer, Branco, Dunga – Joakim Nilsson

Costa Rica – Schottland 1:0
Austragungsort: Stadion Ferraris in Genua
Costa Rica: Conejo; Flores, Marchena, Montero, Gonzales, Chaves, Chavarria, Ramirez, Cayasso, Gomez, Claudio Jara (86. Medford)
Schottland: Leighton; Gough (69. McKimmie), McLeish, McPherson, Malpas, McCall, Aitken, McStay, Bett (74. McCoist), Johnston, McInally
Tor: 1:0 Cayasso (49.)
Schiedsrichter: Juan C. Loustau (Argentinien)
Zuschauer: 30 867
Gelbe Karten: keine

Brasilien – Costa Rica 1:0
Austragungsort: Stadion delle Alpi in Turin
Brasilien: Taffarel; Galvao, Mozer, Ricardo Gomez, Jorginho, Alemao, Dunga, Valdo (87. Silas), Branco, Muller, Careca (83. Bebeto)
Costa Rica: Conejo; Flores, Gonzales, Montero, Chaves, Chavarria, Ramirez, Gomez, Cayasso (79. Guimaraes), Marchena, Jara (72. Mayers)
Tor: 1:0 Muller (34.)
Schiedsrichter: Naji Jouini (Tunesien)
Zuschauer: 58 007
Gelbe Karten: Mozer, Jorginho – Jara, Gomez

Schweden – Schottland 1:2
Austragungsort: Stadion Ferraris in Genua
Schweden: Ravelli; Roland Nilsson, Larsson (75. Strömberg), Hysen, Schwarz, Limpar, Ingesson, Thern, Joakim Nilsson, Brolin, Pettersson (63. Ekström)
Schottland: Leighton; McPherson, Levein, McLeish, Malpas, Aitken, McCall, McLeod, Fleck (86. McCoist), Durie (75. McStay), Johnston
Tore: 0:1 McCall (11.), 0:2 Johnston (81., Foulelfmeter), 1:2 Strömberg (86.)
Schiedsrichter: Carlos Maciel (Paraguay)
Zuschauer: 36 000
Gelbe Karten: Thern – McPherson

Schweden – Costa Rica 1:2
Austragungsort: Stadion Luigi Ferraris in Genua
Schweden: Ravelli; Hysen, Roland Nilsson, Larsson, Schwarz, Pettersson, Strömberg (82. Engqvist), Ingesson, Joakim Nilsson, Ekström, Brolin (35. Gren)
Costa Rica: Conejo; Flores, Gonzales, Montero, Chavez, Chavarria (74. Guimaraes), Ramirez, Gomez (61. Medford), Cayasso, Marchena, Jara
Tore: 1:0 Ekström (32.), 1:1 Flores (75.), 1:2 Medford (87.)
Schiedsrichter: Zoran Petrovic (Jugoslawien)
Zuschauer: 30 223
Gelbe Karten: Schwarz, Strömberg – Gomez, Marchena

Brasilien – Schottland 1:0
Austragungsort: Stadion delle Alpi in Turin
Brasilien: Taffarel; Galvao, Rocha, Ricardo Gomez, Jorginho, Alemao, Dunga, Valdo, Branco, Romario (65. Muller), Careca
Schottland: Leighton; McLeish, Aitken, McPherson, Malpas, McKimmie, McCall, McStay, MacLeod (39. Gillespie), Johnston, McCoist (74. Fleck)
Tor: 1:0 Muller (82.)
Schiedsrichter: Helmut Kohl (Österreich)
Zuschauer: 62 502
Gelbe Karten: Johnston, MacLeod

Mannschaften, Spiele, Tore

Gruppe D

VAE – Kolumbien 0:2
Austragungsort: Stadion Dall'Ara in Bologna
Vereinigte Arabische Emirate: Faraj; Khaleel Ghanim Mubarak, Eissa Meer Abdulrahman (73. Sultan), Yousuf Hussain Mohamed, Ibrahim Meer Abdulrahman, Juma'a, Abdulrahman Mohamed Abdullah, Abbas, Nasser Khamees Mubarak, Al Taliyani, Fahad Khamees Mubarak (57. Bilal)
Kolumbien: Higuita; Herrera, Perea, Escobar, Gilardo Gomez, Gabriel Gomez, Alvarez, Redin, Valderrama, Rincon, Inguaran (75. Estrada)
Tore: 0:1 Redin (51.), 0:2 Valderrama (86.)
Schiedsrichter: George Courtney (England)
Zuschauer: 30791
Gelbe Karten: Eissa Meer Abdulrahman, Yousuf Hussain Mohamed, Ibrahim Meer Abdulrahman

Deutschland – Jugoslawien 4:1
Austragungsort: Giuseppe-Meazza-Stadion in Mailand
Deutschland: Illgner; Augenthaler, Reuter, Berthold, Buchwald, Häßler (74. Möller), Matthäus, Bein (74. Littbarski), Brehme, Klinsmann, Völler
Jugoslawien: Ivkovic; Jozic, Spasic, Hadzibegic, Vulic, Stojkovic, Susic (58. Brnovic), Katanec, Baljic, Savicevic (58. Prosinecki), Vujovic
Tore: 1:0 Matthäus (29.), 2:0 Klinsmann (40.), 2:1 Jozic (55.), 3:1 Matthäus (63.), 4:1 Völler (70.)
Schiedsrichter: Peter Mikkelsen (Dänemark)
Zuschauer: 74765
Gelbe Karte: Brehme

Deutschland – Kolumbien 1:1
Austragungsort: Giuseppe-Meazza-Stadion in Mailand
Deutschland: Illgner; Augenthaler, Buchwald, Reuter, Häßler, (88. Thon), Berthold, Matthäus, Bein (46. Littbarski), Pflügler, Klinsmann, Völler
Kolumbien: Higuita; Herrera, Perea, Escobar, Gilardo Gomez, Fajardo, Alvarez, Gabriel Gomez, Valderrama, Rincon, Estrada
Tore: 1:0 Littbarski (89.), 1:1 Rincon (90.)
Schiedsrichter: Alan Snoddy (Irland)
Zuschauer: 72510
Gelbe Karten: Berthold – Gabriel Gomez, Herrera, Alvarez

Deutschland – VAE 5:1
Austragungsort: Giuseppe-Meazza-Stadion in Mailand
Deutschland: Illgner; Augenthaler, Berthold (46. Littbarski), Buchwald, Reuter, Häßler, Matthäus, Bein, Brehme, Klinsmann (72. Riedle), Völler
Vereinigte Arabische Emirate: Faraj; Khaleel Ghanim Mubarak, Eissa Meer Abdulrahman, Hussain Yousuf Mohamed, Abdulrahman Mohamed Abdullah, Ibrahim Meer Abdulrahman (87. Al Haddad), Juma'a, Nasser Khamees Mubarak, Abbas, Khalid Ismail Mubarak (84. Hassan Mohamed Hussain), Al Taliyani
Tore: 1:0 Völler (36.), 2:0 Klinsmann (38.), 2:1 Khalid Ismail Mubarak (46.), 3:1 Matthäus (47.), 4:1 Bein (59.), 5:1 Völler (75.)
Schiedsrichter: Alexej Spirin (UdSSR)
Zuschauer: 71167
Gelbe Karten: Brehme – Hussain Yousuf Mohamed, Abbas

Jugoslawien – Kolumbien 1:0
Austragungsort: Stadion Dall'Ara in Bologna
Jugoslawien: Ivkovic; Hadzibegic, Stanojkovic, Spasic, Stojkovic, Katanec (46. Jarni), Sabanadzovic, Jozic, Brnovic, Susic, Vujovic (55. Pancev)
Kolumbien: Higuita; Herrera, Perea, Escobar, Gilardo Gomez, Gabriel Gomez, Alvarez, Redin (80. Estrada), Valderrama, Rincon (68. Mendoza), Iguaran
Tore: 1:0 Jozic (74.)
Schiedsrichter: Luigi Agnolin (Italien)
Zuschauer: 32257
Gelbe Karte: Stojkovic

Jugoslawien – VAE 4:1
Austragungsort: Stadion Dall'Ara in Bologna
Jugoslawien: Ivkovic; Hadzibegic, Spasic, Jozic, Stanojkovic, Stojkovic, Sabanadzovic (78. Prosinecki), Susic, Brnovic, Pancev, Vujovic (64. Vulic)
VAE: Faraj; K. G. Mubarak, E. M. Abdulrahman, Al Haddad, I. M. Abdulrahman, N. K. Mubarak (35. Sultan), M. A. Abdullah, Abbas, I. K. Mubarak, Juma'a (46. F. K. Mubarak), Al Taliyani
Tore: 1:0 Susic (5.), 2:0 Pancev (9.), 2:1 Juma'a (22.), 3:1 Pancev (47.), 4:1 Prosinecki (90.)
Schiedsrichter: Shizou Takada (Japan)
Zuschauer: 27832
Gelbe Karten: Sabanadzovic, Brnovic, Pancev
Rote Karte: Khaleel Ghanim Mubarak wegen wiederholten Foulspiels

Gruppe E

Belgien – Südkorea 2:0
Austragungsort: Stadion Bentegodi in Verona
Belgien: Preud'homme; Clijsters, Gerets, Demol, de Wolf, Emmers, Scifo, van der Elst, Versavel, van der Linden (46. Ceulemans), Degryse
Südkorea: Chol In-Young; Hong Myung-Bo, Choi Kang-Hee, Park Kyung-Hoon, Lee Young-Jin (46. Cho Min Kook), Gu Sang-Bum, Chung Yong-Hwan, Noh Soo-Jin (63. Lee Tae-Ho), Kim Joo-Sung, Choi Soon-Ho, Hwang Seon-Hong
Tore: 1:0 Degryse (54.), 2:0 De Wolf (65.)
Schiedsrichter: Vincent Mauro (USA)
Zuschauer: 32486
Gelbe Karte: Choi Soon-Ho

Uruguay – Spanien 0:0
Austragungsort: Friuli-Stadion in Udine
Uruguay: Alvez; de Leon, Herrera, Dominguez, Gutierrez, Paz, Francescoli, Pereira (67. Correa), Perdomo, Sosa, Alzamendi (67. Aguilera)
Spanien: Zubizarreta; Andrinua, Chendo, Sanchis, Jimenez, Michel, Roberto, Vazquez, Villaroya (80. Gorriz Echarte), Butragueño, Manolo (80. Rafa Paz)
Schiedsrichter: Helmut Kohl (Österreich)
Zuschauer: 35713
Gelbe Karten: Perdomo, Francescoli – Jimenez, Villaroya

Belgien – Uruguay 3:1
Austragungsort: Stadion Bentegodi in Verona
Belgien: Preud'homme; Demol, Gerets, Grun, de Wolf, Clijsters (46. Emmers), Scifo, van der Elst, Versavel (73. Vervoort), Degryse, Ceulemans
Uruguay: Alvez; De Leon, Gutierrez, Dominguez, Herrera, Ostolaza (57. Bengoechea), Perdomo, Paz, Alzamandi (46. Aguilera), Francescoli, Sosa
Tore: 1:0 Clijsters (15.), 2:0 Scifo (22.), 3:0 Ceulemans (47.), 3:1 Bengoechea (71.)
Schiedsrichter: Siegfried Kirschen (DDR)
Zuschauer: 35000
Gelbe Karte: Clijsters – Sosa
Rote Karte: Gerets (42.) wegen wiederholten Foulspiels

Mannschaften, Spiele, Tore

Südkorea – Spanien 1:3
Austragungsort: Friuli-Stadion in Udine
Südkorea: Choi In-Young; Hong Myung-Bo, Yoon Deuk-Yeo, Choi Kang-Hee, Park Kyung-Joon (75. Chung Jong-Soo), Chung Hae-Won (54. Noh Soo-Jin), Hwangbo Kwan, Kim Joo-Sung, Gu Sang-Bum, Choi Soon-Ho, Byun Byung-Joo
Spanien: Zubizaretta; Andrinua, Chendo, Sanchis, Gorriz, Michel, Roberto (82. Bakero), Vazquez, Villaroya, Butragueño (77. Fernando), Salinas
Tore: 0:1 Michel (24.), 1:1 Hwangbo Kwan (34.), 1:2 Michel (62.), 1:3 Michel (81.)
Schiedsrichter: Elias J. Guerrero (Ecuador)
Zuschauer: 32 733
Gelbe Karten: Hwangbo Kwan, Chung Hae-Won, Yoon Deuk-Yeo

Südkorea – Uruguay 0:1
Austragungsort: Friuli-Stadion in Udine
Südkorea: Choi In-Young; Hong Myung-Bo, Oark Kyung-Joon, Choi Kang-Hee, Yoon Deuk-Yeo, Lee Heung-Sil, Hwangbo Kwan (79. Chung Hae-Won), Kim Joo-Sung, Chung Jong-Soo, Choi Soon-Ho, Byun Byung-Joo (43. Whang Seon-Hong)
Uruguay: Alvez; De Leon, Herrera, Dominguez, Gutierrez, Paz, Francescoli, Ostolaza (46. Aguilera), Perdomo, Sosa (61. Fonseca), Martinez
Tor: 0:1 Fonseca (90.)
Schiedsrichter: Tullio Lanese (Italien)
Zuschauer: 29 039
Gelbe Karten: Hwangbo Kwan (2.), Choi Kang-Hee, Lee Heung-Sil – Ostolaza, Herrera, Paz
Rote Karte: Yoon Deuk-Yeo wegen Spielverzögerung (71.)

Belgien – Spanien 1:2
Austragungsort: Stadion Bentegodi in Verona
Belgien: Preud'homme; Demol, Staelens (78. van der Linden), de Wolf, Emmers (31. Plovie), Scifo, Albert, van der Elst, Vervoort, Degryse, Ceulemans
Spanien: Zubizareta; Andrinua, Chendo, Sanchis, Michel, Roberto, Vazquez, Gorriz, Villaroya, Butragueño (82. Alcorta), Salinas
Tore: 0:1 Michel (27., Foulelfmeter), 1:1 Vervoort (31.), 1:2 Gorriz (39.)
Schiedsrichter: Juan Loustau (Argentinien)
Zuschauer: 35 950
Gelbe Karten: keine
Besonderes Vorkommnis: Scifo schießt Foulelfmeter an die Latte (58.)

Gruppe F

England – Irland 1:1
Austragungsort: Stadion Sant'Elia in Cagliari
England: Shilton; Walker, Butcher, Stevens, Pearce, Waddle, Gascoigne, Robson, Barnes, Lineker (84. Bull), Beardsley (70. McMahon)
Irland: Bonner; McGrath, McCarthy, Moran, Morris, Staunton, Houghton, Townsend, Sheedy, Cascarino, Aldridge (65. McLoughlin)
Tore: 1:0 Lineker (9.), 1:1 Sheedy (73.)
Schiedsrichter: Aron Schmidhuber (Deutschland)
Zuschauer: 39 000
Gelbe Karte: McMahon

Holland – Ägypten 1:1
Austragungsort: Stadion Favorita in Palermo
Holland: van Breukelen; Roland Koeman, van Aerle, Rutjes, van Tiggelen, Vanenburg (46. Kieft), Rijkaard, Wouters, Erwin Koeman (69. Witschge), Gullit, van Basten
Ägypten: Shoubeir; Hani Ramzi, Ibrahim Hassan, Yassein, Yakan, Ahmed Ramzi (69. Tolba), Abdel Ghani, Youssef, Abdou, Hossam Hassan, Abdel Hamid (69. Abdel Rahman)
Tore: 1:0 Kieft (59.), 1:1 Abdel Ghani (82., Foulelfmeter)
Schiedsrichter: Emilio Soriano Aladren (Spanien)
Zuschauer: 33 288
Gelbe Karten: Kieft – Ahmed Ramzi

England – Holland 0:0
Austragungsort: Stadion Sant'Elia in Cagliari
England: Shilton; Walker, Butcher, Parker, Pearce, Waddle (59. Bull), Wright, Robson (70. Platt), Gascoigne, Lineker, Barnes
Holland: van Breukelen; Ronald Koeman, van Aerle, van Tiggelen, Gillhaus, Wouters, Witschge, Rijkaard, van't Schip (75. Kieft), van Basten, Gullit
Tore: keine
Schiedsrichter: Zoran Petrovic (Jugoslawien)
Zuschauer: 35 267
Gelbe Karten: keine

Irland – Ägypten 0:0
Austragungsort: Stadion Favorita in Palermo
Irland: Bonner; Morris, McCarthy, Moran, Staunton, Houghton, McGrath, Townsend, Sheedy, Cascarino (85. Quinn), Aldridge (64. McLoughlin)
Ägypten: Shoubeir; Hani Ramzi, Ibrahim Hassan, Yassein, Yakan, Tolba (60. Abou Zeid), Abdel Ghani, Youssef, Oraby, Hossam Hassan, Abdou (77. Abdel Hamid)
Tore: keine
Schiedsrichter: Marcel van Langenhove (Belgien)
Zuschauer: 33 288
Gelbe Karten: Morris – Shoubeir

Irland – Holland 1:1
Austragungsort: Stadion Favorita in Palermo
Irland: Bonner; Morris, McCarthy, Moran, Staunton, Houghton, McGrath, Townsend, Sheedy (63. Whelan), Quinn, Aldridge (63. Cascarino)
Holland: van Breukelen; Ronald Koeman, van Aerle, van Tiggelen, Gillhaus, Gullit, Rijkaard, Wouters, Witschge (60. Fraeser), Kieft (80. van Loen), van Basten
Tore: 0:1 Gullit (11.), 1:1 Quinn (72.)
Schiedsrichter: Michel Vautrot (Frankreich)
Zuschauer: 33 288
Gelbe Karte: Rijkaard

England – Ägypten 1:0
Austragungsort: Stadion Sant'Elia in Cagliari
England: Shilton; Walker, Parker, Pearce, Waddle (87. Platt), Wright, McMahon, Gascoigne, Bull (84. Beardsley), Lineker, Barnes
Ägypten: Shoubeir; Ahmed Ramzi, Ibrahim Hassan, Yassein, Yakan, Hany Ramzy, Abdel Ghani, Youssef, Abdou (78. Soliman), Hossam Hassan, Abdel Hamid (78. Abdel Rahman)
Tor: 1:0 Wright (64.)
Schiedsrichter: Kurt Röthlisberger (Schweiz)
Zuschauer: 34 959
Gelbe Karten: Beardsley – Abdel Ghani, Ibrahim Hassan

Mannschaften, Spiele, Tore

Achtelfinale

Kamerun – Kolumbien 2:1 n.V.
Austragungsort: Stadion San Paolo in Neapel
Kamerun: N'Kono; N'Dip, Ebwelle, Tataw, Makanaky (70. Djonkep), Maboang, Kana-Biyik, Mbouh, Mfede (54. Miller), Omam-Biyik
Kolumbien: Higuita; Herrera, Perea, Escobar, Gilardo Gomez, Alvarez, Estrada, Valderrama, Gabriel Gomez, (80. Redin), Rincon, Fajardo (63. Iguaran)
Tore: 1:0 Miller (106.), 2:0 Miller (109.), 2:1 Redin (117.)
Schiedsrichter: Tullio Lanese (Italien)
Zuschauer: 50 206
Gelbe Karten: Kana-Biyik, N'Dip, Mbouh, Jules – Gabriel Gomez, Perea

ČSFR – Costa Rica 4:1
Austragungsort: Stadion Vittoria in Bari
ČSFR: Stejskal; Kocian, Kadlec, Straka, Hasek, Bilek, Chovanec, Kubik, Moravcik, Skuhravy, Knoflicek
Costa Rica: Barrantes; Flores, Gonzales, Montero, Obando (46. Medford), Chaves, Chavarria, (65. Guimaraes), Ramirez, Marchena, Jara, Cayasso
Tore: 1:0 Skuhravy (11.), 1:1 Gonzales (54.), 2:1 Skuhravy (63.), 3:1 Kubik (75.), 4:1 Skuhravy (83.)
Schiedsrichter: Siegfried Kirschen (DDR)
Zuschauer: 25 000
Gelbe Karten: Hasek, Kocian, Straka – Gonzales, Marchena

Brasilien – Argentinien 0:1
Austragungsort: Stadion delle Alpi in Turin
Brasilien: Taffarel; Galvao (85. Renato), Rocha, Ricardo Gomez, Jorginho, Alemao (85. Silas), Dunga, Valdo, Branco, Careca, Muller
Argentinien: Goycochea; Simon, Monzón, Ruggeri, Troglio (62. Calderon), Basualdo, Burruchaga, Giusti, Olartigoechea, Caniggia, Maradona
Tor: 0:1 Caniggia (81.)
Schiedsrichter: Joël Quiniou (Frankreich)
Zuschauer: 61 381
Gelbe Karten: Rocha, Galvao – Monzón, Giusti, Goycochea
Rote Karte: Ricardo Gomez wegen Foulspiels (84.)

Deutschland – Holland 2:1
Austragungsort: Giuseppe-Meazza-Stadion in Mailand
Deutschland: Illgner; Augenthaler, Kohler, Buchwald, Reuter, Littbarski, Matthäus, Berthold, Brehme, Klinsmann (ab 79. Riedle), Völler
Holland: van Breukelen; R. Koeman, van Aerle (67. Kieft), Rijkaard, van't Schip, Winter, Gullit, van Tiggelen, Wouters, Witschge (80. Gillhaus) van Basten
Tore: 1:0 Klinsmann (51.), 2:0 Brehme (86.), 2:1 Ronald Koeman (89., Foulelfmeter)
Schiedsrichter: Juan C. Loustau (Argentinien)
Zuschauer: 74 559
Gelbe Karten: Matthäus, Völler – Wouters, van Basten, Rijkaard
Rote Karten: Völler und Rijkaard wegen unsportlichen Verhaltens (22.)

Irland – Rumänien 0:0 n.V., 5:4 im Elfmeterschießen
Austragungsort: Stadion Ferraris in Genua
Irland: Bonner; Morris, McCarthy, Moran, Staunton (94. O'Leary), Houghton, McGrath, Townsend, Sheedy, Quinn, Aldrige (23. Cascarino)
Rumänien: Lung; Gheorghe Popescu, Rotariu, Andone, Rednic, Lupescu, Sabau (98. Timofte), Hagi, Klein, Raducioiu (77. Lupu), Balint
Tore im Elfmeterschießen: 0:1 Hagi, 1:1 Sheedy, 1:2 Lupu, 2:2 Houghton, 2:3 Rotariu, 3:3 Townsend, 3:4 Lupescu, 4:4 Cascarino, Bonner hält gegen Timofte, 5:4 O'Leary
Schiedsrichter: José Ramiz Wright (Brasilien)
Zuschauer: 31 818
Gelbe Karten: Aldridge, McGrath, McCarthy – Hagi, Lupu

Italien – Uruguay 2:0
Austragungsort: Olympia-Stadion in Rom
Italien: Zenga; Baresi, Bergomi, Ferri, de Napoli, Giannini, Berti (53. Serena), de Agostini, Maldini, Baggio (79. Vierchowod), Schillaci
Uruguay: Alvez; Saldana, Gutierrez, de Leon, Dominguez, Ostolaza (79. Alzamendi), Francescoli, Perdomo, Pereira, Fonseca, Aguilera (56. Sosa)
Tore: 1:0 Schillaci (65.), 2:0 Serena (85.)
Schiedsrichter: George Courtney (England)
Zuschauer: 73 303

Gelbe Karten: Berti – Perdomo, Saldana, Alvez, Gutierrez

Spanien – Jugoslawien 1:2 n.V.
Austragungsort: Stadion Bentegodi in Verona
Spanien: Zubizarreta; Andrinua (50. Jimenez), Sanchis, Chendo, Michel, Roberto, Martin Vazquez, Gorriz, Villaroya, Salinas, Butragueño (79. Paz)
Jugoslawien: Ivkovic; Hadzibegic, Sabanadzovic, Spasic, Katanec (79. Vulic), Stojkovic, Jozic, Susic, Brnovic, Pancev (57. Savicevic), Vujovic
Tore: 0:1 Stojkovic (78.), 1:1 Salinas (84.), 1:2 Stojkovic (93.)
Schiedsrichter: Aron Schmidhuber (Deutschland)
Zuschauer: 35 000
Gelbe Karten: Roberto, Chendo – Katanec, Vujovic, Vulic

England – Belgien 1:0 n.V.
Austragungsort: Stadion Dall'Ara in Bologna
England: Shilton; Parker, Wright, Walker, Butcher, Waddle, Gascoigne, McMahon (73. Platt), Butcher, Lineker, Barnes (75. Bull)
Belgien: Preud'homme, Demol, Gerets, Grun, de Wolf, Clijsters, van der Elst, Ceulemans, Scifo, Versavel (107. Vervoort), Degryse (65. Claesen)
Tor: 1:0 Platt (120.)
Schiedsrichter: Peter Mikkelsen (Dänemark)
Zuschauer: 34 520
Gelbe Karte: Gascoigne

Viertelfinale

Argentinien – Jugoslawien 0:0 n.V., 3:2 im Elfmeterschießen
Austragungsort: Stadion Comunale in Florenz
Argentinien: Goycochea; Simon, Serrizuela, Ruggeri, Calderon (87. Dezotti), Burruchaga, Giusti, Basualdo, Olartigechea (51. Troglio), Caniggia, Maradona
Jugoslawien: Ivkovic; Hadzibegic, Sabanadzovic, Spasic, Stojkovic, Prosinecki, Vulic, Susic (62. Savicevic), Brnovic, Jozic, Vujovic
Tore im Elfmeterschießen: 1:0 Serrizuela, Stojkovic schießt an die Latte, 2:0 Burruchaga, 2:1 Prosinecki, Ivkovic hält gegen Maradona, 2:2 Savicevic, Troglio schießt an den Pfosten, Goycochea hält gegen Brnovic, 3:2

Mannschaften, Spiele, Tore

Dezotti, Goycochea hält gegen Hadzibegic
Schiedsrichter: Röhlisberger (Schweiz)
Zuschauer: 38 971
Gelbe Karten: Serrizuela, Burruchaga, Orlartigoechea, Troglio, Simon – Sabanadzovic
Rote Karte: Sabanadzovic wegen Foulspiels (31.)

Irland – Italien 0:1
Austragungsort: Olympia-Stadion in Rom
Irland: Bonner; Morris, McCarthy, Moran, Staunton, Houghton, McGrath, Townsend, Sheedy, Quinn (53. Cascarino), Aldridge (79. Sheridan)
Italien: Zenga; Baresi, Bergomi, Ferri, Donadoni, de Napoli, de Agostini, Giannini (63. Ancelotti), Maldini, Schillaci, Baggio (73. Serena)
Tor: 0:1 Schillaci (37.)
Schiedsrichter: Carlos Silva Valente (Portugal)
Zuschauer: 73 303
Gelbe Karten: Moran – de Agostini

ČSFR – Deutschland 0:1
Austragungsort: Giuseppe-Meazza-Stadion in Mailand
ČSFR: Stejskal; Kocian, Straka, Kadlec, Moravcik, Hasek, Chovanec, Bilek, (68. Nemecek), Kubik (80. Griga), Skuhravy, Knoflicek
Deutschland: Illgner; Augenthaler, Kohler, Berthold, Buchwald, Littbarski, Matthäus, Bein (83. Möller), Brehme, Klinsmann, Riedle
Tor: 0:1 Matthäus (25., Foulelfmeter)
Schiedsrichter: Helmut Kohl (Österreich)
Zuschauer: 73 347
Gelbe Karten: Straka, Bilek, Knoflicek – Klinsmann
Rote Karte: Moravcik wegen unsportlichen Verhaltens (70.)

Kamerun – England 2:3 n.V.
Austragungsort: Stadion San Paolo in Neapel
Kamerun: N'Kono; Kunde, Tataw, Massing, Makanaky, Mfede (63. Ekeke), Libiih, Pagal, Ebwelle, Maboang (46. Miller), Omam-Biyik
England: Shilton; Wright, Parker, Walker, Butcher (74. Steven), Waddle, Gascoigne, Platt, Pearce, Lineker, Barnes (46. Beardsley)
Tore: 0:1 Platt (26.), 1:1 Kunde (62., Foulelfmeter), 2:1 Ekeke (65.), 2:2 Lineker (83., Foulelfmeter), 2:3 Lineker (105., Foulelfmeter)
Schiedsrichter: Edgardo C. Mendez (Mexiko)
Zuschauer: 55 205
Gelbe Karten: N'Kono, Miller, Massing – Pearce

Halbfinale

Argentinien – Italien 1:1 n.V., 4:3 im Elfmeterschießen
Austragungsort: Stadion San Paolo in Neapel
Argentinien: Goycochea; Simon, Ruggeri, Serrizucla, Calderon (46. Troglio), Giusti, Burruchaga, Basualdo (110. Batista), Olartigoechea, Caniggia, Maradona
Italien: Zenga; Baresi, Bergomi, Ferri, de Napoli, Giannini (74. Baggio), de Agostini, Donadoni, Maldini, Schillaci, Vialli (71. Serena)
Tore: 0:1 Schillaci (18.), 1:1 Caniggia (68.). – Tore im Elfmeterschießen: 0:1 Baresi, 1:1 Serrizuela, 1:2 Baggio, 2:2 Burruchaga, 2:3 de Agostini, 3:3 Olartigoechea, Goycochea hält gegen Donadoni, 4:3 Maradona, Goycochea hält gegen Serena
Schiedsrichter: Michel Vautrot (Frankreich)
Zuschauer: 59 978
Gelbe Karten: Olartigoechea (2), Caniggia (2), Battista (2), Ruggeri – Giannini.
Rote Karte: Giusti wegen Tätlichkeit (105.).

Deutschland – England 1:1 n.V., 4:3 im Elfmeterschießen
Austragungsort: Stadion delle Alpi in Turin
Deutschland: Illgner; Augenthaler, Kohler, Buchwald, Berthold, Häßler (67. Reuter), Matthäus, Thon, Brehme, Völler (38. Riedle), Klinsmann.
England: Shilton; Wright, Parker, Walker, Butcher (71. Steven), Pearce, Waddle, Platt
Tore: 1:0 Brehme (60.), 1:1 Lineker (81.). – Tore im Elfmeterschießen: 0:1 Lineker, 1:1 Brehme, 1:2 Beardsley, 2:2 Matthäus, 2:3 Platt, 3:3 Riedle, Illgner hält gegen Pearce, 4:3 Thon, Waddle verschießt
Schiedsrichter: José Ramirez Wright (Brasilien)
Zuschauer: 50 000
Gelbe Karten: Brehme – Parker, Gascoigne

Spiel um den 3. Platz

Italien – England 2:1
Austragungsort: Stadion Vittoria in Bari
Italien: Zenga; Baresi, Bergomi, Vierchowod, Maldini, Ferrara, Ancelotti, Giannini (90. Ferri), de Agostini (67. Berti), Schillaci, Baggio
England: Shilton; Wright (72. Waddle), Parker, Walker, Stevens, Platt, McMahon (72. Webb), Steven, Dorigo, Lineker, Beardsley
Schiedsrichter: Joël Quiniou (Frankreich)
Tore: 1:0 Baggio (71.), 1:1 Platt (81.), 2:1 Schillaci (85., Foulelfmeter)
Zuschauer: 51 400.
Gelbe Karten: keine

Endspiel

Argentinien – Deutschland 0:1
Austragungsort: Olympiastadion in Rom
Argentinien: Goycochea; Simon, Ruggeri (46. Monzón), Serrizuela, Sensini, Troglio, Burruchaga (53. Calderon), Basualdo, Lorenzo, Dezotti, Maradona
Deutschland: Illgner; Augenthaler, Kohler, Buchwald, Häßler, Berthold (73. Reuter), Matthäus, Littbarski, Brehme, Klinsmann, Völler
Schiedsrichter: Edgardo Codesal Mendez (Mexiko)
Tor: 0:1 Brehme (85., Foulelfmeter)
Zuschauer: 73 303
Gelbe Karten: Dezotti, Maradona – Völler
Rote Karten: Monzón (65.) wegen Foulspiel, Dezotti (87.) wegen Tätlichkeit.

Aufgebot der DFB-Elf

Die Antwort Stefan Kuntz' auf die Absage von Franz Beckenbauer war ein Knaller. Der 1. FC Kaiserslautern gewann das DFB-Pokalfinale gegen Werder Bremen, und Mittelstürmer Kuntz, ehemals Polizist, hatte mit einem Treffer und stets vorbildlichem Einsatz großen Anteil an diesem Erfolg. „Ich hoffe, Beckenbauer kann auf einen Stürmer wie mich in Italien verzichten", teilte Kuntz noch mit. Die Enttäuschung saß tief, Beckenbauer wird ihm trotzdem nichts nachtragen.

DIE MANNEN DES KAISERS

Zum einen hört er am Ende der Fußballweltmeisterschaft sowieso auf, und außerdem: Die Äußerung von Kuntz drückte ja nur seinen Ehrgeiz aus, bis zum Ende der offiziellen Nominierung in die Auswahl berufen zu werden. Das war nicht immer so. Es gab Zeiten, in denen ein Einsatz in der Nationalmannschaft nicht sonderlich hoch im Kurs stand. Beckenbauer hat es verstanden, die Lust am Spiel im Trikot des Deutschen Fußball-Bundes erneut zu entfachen. So muß zwangsläufig jeder leicht frustriert sein, der sich aufgrund guter Leistungen im Verein Chancen ausrechnete, zum Italien-Kader zu gehören. Kuntz war der eine, der es offen aussprach, Hans Dorfner vom FC Bayern der zweite Kandidat, der seinem Ärger Luft machte. 26 Spieler gehörten zum vorläufigen Aufgebot. Vier mußte Beckenbauer streichen, denn nur 22 durften die Reise ins gelobte Fußballand Italien mitmachen. Holger Fach von Bayer Uerdingen erleichterte Beckenbauer die Entscheidung mit einer Verletzung, und Roland Grahammer vom FC Bayern meinte lapidar zu seiner Ausbootung, er habe sowieso nicht damit gerechnet, die deutschen Farben bei der WM 1990 vertreten zu dürfen. Was das Quartett, das bis zuletzt hoffen durfte, verband, war die Aussicht auf schöne Urlaubstage, auf Ferien vom Fußball.

Selten wohl in der Vergangenheit konnte der Verantwortliche für die bundesdeutsche Fußball-Auswahl aus einem derart großen Reservoir erstklassiger Spieler schöpfen wie dieses Mal Franz Beckenbauer. Besonders erfreulich dabei: die vielen Alternativen im Angriff. Um Rudi Völler und Jürgen Klinsmann beneiden Beckenbauer viele seiner Kollegen. Das Stahlbad der italienischen Liga hat beide geformt. Rudi Völler ist bei AS Rom zu einem Stürmer gereift, der sich durchsetzen kann. Zu Beginn seines Engagements in der italienischen Hauptstadt wurde Völler von den Verteidigern der gegnerischen Mannschaften als Freiwild betrachtet. Doch Völler

Klaus Augenthaler
FC Bayern München
Abwehrspieler
Alter: 32 Jahre
Größe: 1,83 m
Gewicht: 80 kg
20 Länderspiele

Raimond Aumann
FC Bayern München
Torwart
Alter: 26 Jahre
Größe: 1,82 m
Gewicht: 75 kg
3 Länderspiele

überwand alle Verletzungen und hat sich mittlerweile den Respekt der Kollegen in Italien gesichert. Mit seinen kurzen Reaktionen kommt er wohl Gerd Müller, dem noch immer erfolgreichsten Torjäger der deutschen Nationalmannschaft, am nächsten. Völler weiß sich im Sturmzentrum zu

Aufgebot der DFB-Elf

behaupten. Er war schon ein glänzender Angreifer bei Werder Bremen. Er ist bei AS Rom noch besser geworden.

Während Völler die beinahe übliche einjährige Anlaufzeit benötigte, um die Umstellung auf die neue Umgebung und die gewachsenen Anforderungen zu bewältigen, stürmte Jürgen Klinsmann nach seinem Wechsel im Jahre 1989 von Stuttgart zu Inter Mailand im Sauseschritt in die Herzen der Tifosi. Für Klinsmann erfüllten sich in Italien alle Erwartungen. Er bereicherte sein Leben um neue Erfahrungen. Der Schwabe spricht längst hervorragend Italienisch, wird akzeptiert nicht nur von den deutschen Kollegen bei Inter, Matthäus und Brehme, sondern, und das freut ihn besonders, von den einheimischen Spielern, deren Nähe er vor allem suchte, um sich schnell einzugewöhnen. Die Veränderungen im persönlichen Bereich sind seinem Spiel anzumerken. Klinsmann wirkt noch professioneller als in Stuttgart und noch kampfstärker, einsatzfreudiger. Er gibt nie auf und vermittelt auf eindrucksvolle Art und Weise, daß er unendlich viel Spaß hat am Spiel mit dem Fußball. Zwei „Italiener" stürmen für Deutschland, ein weiterer Stürmer wird nach der Weltmeisterschaft nur kurz nach Hause fahren, um dann von Bremen aus seinen Umzug zu organisieren. Karl-Heinz Riedle hat bei Lazio Rom unterschrieben, versucht einen ähnlichen Weg einzuschlagen wie vor ihm Rudi Völler. Die Italiener haben einen guten Mann verpflichtet. Riedles Kopfballtore könnten Lehrbücher füllen. Er besitzt ein ungewöhnlich gutes Gefühl für den Absprung zur rechten Zeit und schraubt sich dadurch trotz nur 1,79 m höher als so mancher darob verdutzte Abwehrrecke. Allerdings ist Riedle verletzungsanfällig, aber das wurde Völler auch nachgesagt, als er nach Italien wechselte. Vielleicht hilft auch Riedle das mediterrane

Uwe Bein
Eintracht Frankfurt
Mittelfeldspieler
Alter: 29 Jahre
Größe: 1,78 m
Gewicht: 70 kg
6 Länderspiele

Andreas Brehme
Inter Mailand
Abwehrspieler
Alter: 29 Jahre
Größe: 1,76 m
Gewicht: 72 kg
51 Länderspiele

Thomas Berthold
AS Rom
Abwehrspieler
Alter: 25 Jahre
Größe: 1,84 m
Gewicht: 81 kg
35 Länderspiele

Guido Buchwald
VfB Stuttgart
Abwehrspieler
Alter: 29 Jahre
Größe: 1,88 m
Gewicht: 86 kg
32 Länderspiele

Aufgebot der DFB-Elf

Klima südlich das Alpenkammes. Wenigstens einer von Beckenbauers vier Stürmern bleibt der Bundesliga treu: Frank Mill von Borussia Dortmund, der zwanzig Spiele mit der Olympia-Auswahl bestritten hat, erst 17 dagegen im A-Team, obwohl er mit 31 einer der Ältesten der Mannschaft ist.

Thomas Häßler
1. FC Köln
Mittelfeldspieler
Alter: 24 Jahre
Größe: 1,66 m
Gewicht: 66 kg
12 Länderspiele

Günter Hermann
SV Werder Bremen
Mittelfeldspieler
Alter: 29 Jahre
Größe: 1,69 m
Gewicht: 66 kg
2 Länderspiele

Bodo Illgner
1. FC Köln
Torwart
Alter: 23 Jahre
Größe: 1,87 m
Gewicht: 78 kg
15 Länderspiele

Jürgen Klinsmann
Inter Mailand
Stürmer
Alter: 25 Jahre
Größe: 1,81 m
Gewicht: 76 kg
18 Länderspiele

Er schaffte international nie den großen Durchbruch und galt doch als feste Größe bei Beckenbauer, denn Frank Mill ist ein ganz durchtriebener Zeitgenosse auf dem Spielfeld, einer, der alle Tricks und Kniffe beherrscht. Weil er zudem kaum Anlaufzeit benötigt, gilt er als idealer Ersatzspieler. Und hat sich nicht schon mancher, der als Joker begann, zum Trumpf entwickelt?

Ersatz, Reserve... Im Wortschatz von Lothar Matthäus kommen solche Begriffe nicht vor. Er ist Kapitän der Nationalmannschaft, seine Position im Mittelfeld unantastbar. Und längst hat er diejenigen Lügen gestraft, die meinten, er würde sich nicht durchbeißen können in Italien bei Inter Mailand. Matthäus, der oft dann versagte, wenn wichtige Spiele ausgetragen wurden, hat bei Inter gelernt, Verantwortung zu übernehmen. Dort spielt er seine Stärken aus, übernimmt sich nicht als Regisseur, sondern prescht mit ungeheurer Dynamik aus dem Mittelfeld heraus in die Angriffszonen. Als Spezialist für besonders heikle Fälle, für die Spielmacher der Gegner, hat sich Matthäus international zunächst einen guten Namen erworben. Mittlerweile ist der Franke mit dem flotten Mundwerk (als Interviewpartner ebenso begehrt wie gleichzeitig gefürchtet) zur Persönlichkeit gereift. Ihm vor allem hätte nichts Besseres passieren können als der Wechsel vom FC Bayern München zu Inter Mailand, wo er seinen Vertrag noch vor der Weltmeisterschaft verlängerte.

Überhaupt das Mittelfeld: Wenn schon einer wie Dorfner ausgeladen wird, von

Aufgebot der DFB-Elf

welchem Kaliber müssen dann erst diejenigen sein, die letztlich die Akzente setzen sollen im Team des DFB? Thomas Häßler zum Beispiel vom 1. FC Köln, zumindest stimmt das bis zum 30. Juni 1990. Ab 1. Juli muß es dann heißen: Thomas Häßler von Juventus Turin. Ein weiterer Spieler, der die

net Häßlers Freund und Kollege Pierre Littbarski bestätigen. Bei Racing Paris fand er nie die erhoffte Krönung seiner Karriere. Mit der Rückkehr an den Rhein, angeleiert noch von Udo Lattek in seiner Funktion als Manager, blühte Littbarski wieder auf. Der Kringeldreher mit den Säbelbeinen gehört

Jürgen Kohler
FC Bayern München
Abwehrspieler
Alter: 24 Jahre
Größe: 1,86 m
Gewicht: 84 kg
27 Länderspiele

Pierre Littbarski
1. FC Köln
Mittelfeldspieler
Alter: 30 Jahre
Größe: 1,68 m
Gewicht: 68 kg
67 Länderspiele

Andreas Köpke
1. FC Nürnberg
Torwart
Alter: 27 Jahre
Größe: 1,82 m
Gewicht: 83 kg
1 Länderspiel

Lothar Matthäus
Inter Mailand
Mittelfeldspieler
Alter: 29 Jahre
Größe: 1,73 m
Gewicht: 72 kg
74 Länderspiele

Bundesliga bereicherte, erlag dem Lockruf der schier unbegrenzt vorhandenen Lire. Niemand mißgönnt dem kleinen Dribbelkünstler seinen neuen Arbeitsplatz, doch Häßler ist Profi genug, um zu wissen, daß bei Juventus die Meßlatte noch etwas höher gehängt wird als vormals in Köln. Juve möchte Meister werden mit und durch ihn. Häßler, ein offensiver Mittelfeldspieler, der durch seine Soli eine Abwehr allein beschäftigen kann, ist von seinen Qualitäten her in der Lage, die neue Herausforderung zu meistern.

Daß Auslandsaufenthalte mitunter unerfreulich verlaufen können, kann ausgerech-

wie Matthäus mit 67 Länderspielen zu den erfahrensten WM-Teilnehmern. Daß er dennoch nicht immer erste Wahl ist, liegt meist weniger an ihm als an der jeweiligen taktischen Ausrichtung. Littbarski ist oft der erste, wenn ein offensiver Mittelfeldspieler einer defensiven Kraft weichen muß. Früher hat das Littbarski, der ein Mann der klaren Worte ist, erzürnt und ihm auch nach unbedachten Äußerungen Ärger eingebracht. Mittlerweile wägt er ab, überlegt, was er sagt, hofft auf seine Chance.

Vielleicht beneidet er auch einen wie Uwe Bein von der Frankfurter Eintracht. Ihm könnte eine ähnliche Karriere gelingen

Aufgebot der DFB-Elf

wie 1986 Norbert Eder, der mit nur neun Länderspielen Vizeweltmeister wurde. Bein hatte vor der WM erst sechs Berufungen aufzuweisen. Beckenbauer schätzt an dem 29jährigen dessen „fußballerischen Instinkt". Uwe Bein kann mit seinen Pässen eine Abwehr teilen wie den Kuchen mit einem scharfen Messer. Daß er mitunter Kunstpausen einlegt, scheint Meister Beckenbauer ihm als einzigem verzeihen zu können. Vielleicht, weil die genialen Züge von Bein ihn an seine Spielweise erinnern (als Libero konnte Beckenbauer Erholungsphasen freilich wesentlich leichter vertuschen).

Ja, und was ist mit Andreas Möller? Eben.

Häßler auf der anderen. Dann wäre da noch Olaf Thon vom Meister FC Bayern, der nach langer Verletzungspause um den Anschluß kämpft. Und nicht zu vergessen Stefan Reuter, künftiger Mittelfeldkollege von Thomas Häßler bei Juventus Turin, allerdings erst nach der Saison 1990/91. Er hat dann beste Karten, wenn Beckenbauer der Abwehr etwas Unterstützung geben will, ohne dem Mittelfeld zuviel an Impulsen zu nehmen, denn Reuter kann, ähnlich wie Matthäus, mit schnellem Antritt für Entlastung sorgen und für Überraschungsmomente. Und weil 22 Spieler mit nach Italien durften, füllte Beckenbauer den Kader mit

Frank Mill
Borussia Dortmund
Stürmer
Alter: 31 Jahre
Größe: 1,76 m
Gewicht: 71 kg
17 Länderspiele

Hans Pflügler
FC Bayern München
Abwehrspieler
Alter: 30 Jahre
Größe: 1,82 m
Gewicht: 80 kg
10 Länderspiele

Andreas Möller
Borussia Dortmund
Mittelfeldspieler
Alter: 22 Jahre
Größe: 1,80 m
Gewicht: 70 kg
10 Länderspiele

Stefan Reuter
FC Bayern München
Abwehrspieler
Alter: 23 Jahre
Größe: 1,81 m
Gewicht: 75 kg
16 Länderspiele

Er gilt als das größte Talent der Bundesliga, spielt künftig mit Bein bei Frankfurt und liefert sich ausgerechnet mit seinem künftigen Partner und Zimmergenossen während der Weltmeisterschaft einen Kampf um den Platz im linken Mittelfeld. Bein oder Möller auf der einen Seite, Littbarski und

einem weiteren Mittelfeldspieler auf, nahm Günter Hermann mit von Werder Bremen, weil der nicht aufmuckt, wenn er nicht beachtet wird. Hauptsache dabeigewesen. Mittelfeldasse prall also. Glücklicher Beckenbauer.

Und doch war er noch nicht zufrieden.

Aufgebot der DFB-Elf

Noch fehlte ihm der Typ „hemdsärmliger Kämpfer", eine Figur, die dann steht wie ein Fels, wenn der Rest der Truppe Nerven zeigt. Ein Antreiber, einer, dessen Wort etwas gilt in der Mannschaft kraft seiner Ausstrahlung. Der Münchner Beckenbauer fand ihn bei den Bayern in Klaus Augenthaler, was durchaus überraschend ist, denn Beckenbauer und Augenthaler, das ist nicht unbedingt die große, dicke Männerfreundschaft. Doch der Teamchef erkannte die Notwendigkeit eines starken Abwehrchefs, und Augenthaler hat internationale Erfahrung zuhauf dank der Europacupspiele seines Vereins. Daß erst 20 Länderspiele auf seinem Konto stehen, liegt zum einen an der langen Mißachtung der Qualitäten des Klaus Augenthaler, zum anderen aber auch an vielen Verletzungen in den vergangenen Jahren. Sogar die Weltmeisterschaft schien noch einmal in Frage zu stehen, und weil niemand weiß, was sich ereignen kann im Verlauf eines solchen Turniers, baute Beckenbauer mit Wissen von Augenthaler eine Reserve ein. Kurzfristig nominierte er noch Paul Steiner vom 1. FC Köln als zweiten Libero. Steiner, schon 33 (Augenthaler wird's im August), ist darüber nicht traurig. Er konnte im Grunde gar nicht damit rechnen, noch eine Weltmeisterschaft als Spieler erleben zu dürfen.

Nie in der Diskussion stand Andreas Brehme, der seinen Posten auf der linken Abwehrseite so sicher in der Tasche hat, wie der Präsident des Deutschen Fußball-Bundes Neuberger heißt. Brehme ging 1988 gemeinsam mit Matthäus zu Inter Mailand, quasi als preiswerte Zugabe. Mittlerweile wurde er zum besten ausländischen Spieler in Italien gewählt – und das in einer Liga, in der Rijkaard, Marco van Basten, Maradona oder Careca spielen. Brehmes Spezialität sind mit viel Effet in den Strafraum gezirkelte Flanken, daneben überzeu-

Karlheinz Riedle
SV Werder Bremen
Stürmer
Alter: 24 Jahre
Größe: 1,79 m
Gewicht: 71 kg
6 Länderspiele

Olaf Thon
FC Bayern München
Mittelfeldspieler
Alter: 24 Jahre
Größe: 1,70 m
Gewicht: 67 kg
33 Länderspiele

Paul Steiner
1. FC Köln
Abwehrspieler
Alter: 33 Jahre
Größe: 1,82 m
Gewicht: 75 kg
1 Länderspiel

Rudi Völler
AS Rom
Stürmer
Alter: 30 Jahre
Größe: 1,77 m
Gewicht: 71 kg
63 Länderspiele

Aufgebot der DFB-Elf

gen seine enorme Ballsicherheit und seine geschickte Raumaufteilung. Er spielt keineswegs auffällig für das Publikum, aber ungemein effektiv für die Mannschaft. Der Defensivmann Brehme ist einer der größten Aktivposten in der DFB-Elf. Vielleicht hat er beim FC Bayern, wo er den Beweis seiner Extra-Klasse schuldig geblieben war, auf der falschen Position gespielt. Aber diejenige des linken Verteidigers war und ist bei den Münchnern durch Hans Pflügler besetzt, der sich durch kontinuierliche Leistungen im Klub eine WM-Fahrkarte sicherte. Einsatz in Italien eher unwahrscheinlich. Dagegen war Pflüglers Mannschaftskollege in München, Jürgen Kohler, eine feste Größe in Beckenbauers Konzept, doch Kohler verletzte sich während der Vorbereitung. Anlaß zu größeren Sorgen mag dies für den Teamchef nicht gewesen sein. Im Abwehrbereich stehen ihm noch der brave Guido Buchwald vom VfB Stuttgart zur Verfügung sowie der eher lebenslustige Thomas Berthold, der gemeinsam mit Völler bei AS Rom spielt. Daß Beckenbauer ein Faible für Berthold hat, ist kein Geheimnis. Bei jedem anderen Trainer wäre Berthold wohl schon ausgemustert worden, wenngleich sein Wechsel von Verona zu AS Rom einen deutlichen Leistungsaufschwung nach sich zog.

Angriff, Mittelfeld, Abwehr. Einer darf sich auch Handschuhe anziehen, wenngleich die Sommer in Italien noch immer schön und warm sind. Aber die Bälle lassen sich so leichter festhalten. Bodo Illgner weiß das. Und obwohl er der zweitjüngste Spieler im Aufgebot ist (nach Möller), hat ihn Beckenbauer als Nummer eins im Tor seiner Mannschaft auserkoren. Auch wenn Illgner zuletzt in der Bundesliga so mancher Fehler unterlief: Raimond Aumann, sein härtester Konkurrent, mußte bei einem seiner wenigen Nationalmannschaftseinsätze gegen Uruguay drei Treffer in jener Halbzeit hinnehmen, in der er spielte. Damit war der Weg frei für Illgner, der Toni Schumacher im Tor von Köln folgte und jetzt seine erste Weltmeisterschaft bestreitet mit 23 Jahren. Da ist noch einiges möglich, kann Illgner noch träumen. Der dritte Mann im Tor hat längst keine Illusionen mehr. Andreas Köpke spielt in Nürnberg schlicht im falschen Verein, ihm fehlen, um sich nachdrücklicher empfehlen zu können, die internationalen Einsätze. Dennoch ist Köpke nicht unglücklich, vielmehr unterstützt er Illgner, wie überhaupt die Harmonie innerhalb der von Beckenbauer ausgewählten Spieler so gut war wie noch nie vor einer Weltmeisterschaft. Und außerdem: Im Falle eines Erfolges dürfen sich alle als Sieger fühlen und alle auch an den Prämien teilhaben. Und für den Fall eines enttäuschenden Abschneidens gäbe es dann ja Franz Beckenbauer.

Burgherr für drei Wochen: Teamchef Franz Beckenbauer vor seinem WM-Hauptquartier, dem Castello di Casiglio, in dem vor mehr als 800 Jahren schon Kaiser Barbarossa seine Italienfeldzüge strategisch zu durchdenken pflegte. In der größten Suite des Hotels, der Kemenate des Kaisers Franz, wurden die taktischen Winkelzüge für die jeweils nächste Partie ausgetüftelt und die Spieler anschließend mit einem auffordernden „Spielt's Fußball!" auf den Rasen entlassen...

Aufgebot der DFB-Elf

Qualifikationsspiele

QUALIFIKATIONS-SPIELE DER XIV. FUSSBALL-WELT-MEISTERSCHAFT

Argentinien als Weltmeister 1986 bereits zum Endturnier qualifiziert

Italien als WM-Gastgeber 1990 bereits zum Endturnier qualifiziert

Europa

32 Bewerber streiten in 7 Qualifikations-Gruppen um 13 Endrunden-Plätze (hinzu kommt Gastgeber Italien)

Gruppe 1:
Dänemark, Bulgarien, Rumänien, Griechenland

Griechenland – Dänemark	1:1
Bulgarien – Rumänien	1:3
Dänemark – Bulgarien	1:1
Rumänien – Griechenland	3:0
Griechenland – Rumänien	0:0
Bulgarien – Dänemark	0:2
Rumänien – Bulgarien	1:0
Dänemark – Griechenland	7:1
Bulgarien – Griechenland	4:0
Dänemark – Rumänien	3:0
Griechenland – Bulgarien	1:0
Rumänien – Dänemark	3:1

1. Rumänien	10:5	9:3
2. Dänemark	15:6	8:4
3. Griechenland	3:15	4:8
4. Bulgarien	6:8	3:9

Qualifiziert: Rumänien

Gruppe 2:
England, Polen, Schweden, Albanien

England – Schweden	0:0
Polen – Albanien	1:0
Albanien – Schweden	1:2
Albanien – England	0:2
England – Albanien	5:0
Schweden – Polen	2:1
England – Polen	3:0
Schweden – England	0:0
Schweden – Albanien	3:1
Polen – England	0:0
Polen – Schweden	0:2
Albanien – Polen	1:2

1. Schweden	9:3	10:2
2. England	10:0	9:3
3. Polen	4:8	5:7
4. Albanien	3:15	0:12

Qualifiziert: Schweden und England

Gruppe 3:
UdSSR, DDR, Österreich, Island, Türkei

Island – UdSSR	1:1
Türkei – Island	1:1
UdSSR – Österreich	2:0
DDR – Island	2:0
Österreich – Türkei	3:2
Türkei – DDR	3:1
DDR – Türkei	0:2
UdSSR – DDR	3:0
Türkei – UdSSR	0:1
DDR – Österreich	1:1
UdSSR – Island	1:1
Island – Österreich	0:0
Österreich – Island	2:1
Österreich – UdSSR	0:0
Island – DDR	0:3
Island – Türkei	2:1
DDR – UdSSR	2:1
Türkei – Österreich	3:0
Österreich – DDR	3:0
UdSSR – Türkei	2:0

1. UdSSR	11:4	11:5
2. Österreich	9:9	9:7
3. Türkei	12:10	7:9
4. DDR	9:13	7:9
5. Island	6:11	6:10

Qualifiziert: UdSSR und Österreich

Gruppe 4:
Deutschland, Holland, Wales, Finnland

Finnland – Deutschland	0:4
Holland – Wales	1:0
Deutschland – Holland	0:0
Wales – Finnland	2:2
Holland – Deutschland	1:1
Wales – Deutschland	0:0
Finnland – Holland	0:1
Finnland – Wales	1:0
Deutschland – Finnland	6:1
Wales – Holland	1:2
Deutschland – Wales	2:1
Holland – Finnland	3:0

1. Holland	8:2	10:2
2. Deutschland	13:3	9:3
3. Finnland	4:16	3:9
4. Wales	4:8	2:10

Qualifiziert: Holland und Deutschland

Gruppe 5:
Frankreich, Schottland, Jugoslawien, Norwegen, Zypern

Norwegen – Schottland	1:2
Frankreich – Norwegen	1:0
Schottland – Jugoslawien	1:1
Zypern – Frankreich	1:1
Zypern – Norwegen	0:3
Jugoslawien – Frankreich	3:2
Jugoslawien – Zypern	4:0
Zypern – Schottland	2:3
Schottland – Frankreich	2:0
Schottland – Zypern	2:1
Frankreich – Jugoslawien	0:0
Norwegen – Zypern	3:1
Norwegen – Jugoslawien	1:2
Norwegen – Frankreich	1:1
Jugoslawien – Schottland	3:1
Jugoslawien – Norwegen	1:0
Frankreich – Schottland	3:0
Zypern – Jugoslawien (in Athen)	1:2
Schottland – Norwegen	1:1
Frankreich – Zypern	2:0

1. Jugoslawien	16:6	14:2
2. Schottland	12:12	10:6
3. Frankreich	10:7	9:7
4. Norwegen	10:9	6:10
5. Zypern	6:20	1:15

Qualifiziert: Jugoslawien und Schottland

Gruppe 6:
Spanien, Ungarn, Nordirland, Irland, Malta

Nordirland – Malta	3:0
Nordirland – Irland	0:0
Ungarn – Nordirland	1:0
Spanien – Irland	2:0
Malta – Ungarn	2:2
Spanien – Nordirland	4:0
Malta – Spanien	0:2
Nordirland – Spanien	0:2
Ungarn – Irland	0:0
Spanien – Malta	4:0
Ungarn – Malta	1:1
Malta – Nordirland	0:2
Irland – Spanien	1:0
Irland – Malta	2:0
Irland – Ungarn	2:0
Nordirland – Ungarn	1:2
Ungarn – Spanien	2:2

Qualifikationsspiele

Irland – Nordirland		3:0
Spanien – Ungarn		4:0
Malta – Irland		0:2

1. Spanien	20:3	13:3
2. Irland	10:2	12:4
3. Ungarn	8:12	8:8
4. Nordirland	6:12	5:11
5. Malta	3:18	2:14

Qualifiziert: Spanien und Irland

Gruppe 7:
Belgien, Portugal, ČSFR, Schweiz, Luxemburg

Luxemburg – Schweiz	1:4
Luxemburg – ČSFR	0:2
Belgien – Schweiz	1:0
ČSFR – Belgien	0:0
Portugal – Luxemburg	1:0
Portugal – Belgien	1:1
Portugal – Schweiz	3:1
Belgien – ČSFR	2:1
ČSFR – Luxemburg	4:0
Luxemburg – Belgien (in Lille)	0:5
Schweiz – ČSFR	0:1
Belgien – Portugal	3:0
Schweiz – Portugal	1:2
ČSFR – Portugal	2:1
Schweiz – Belgien	2:2
Luxemburg – Portugal (in Saarbrücken)	0:3
Belgien – Luxemburg	1:1
ČSFR – Schweiz	3:0
Schweiz – Luxemburg	2:1
Portugal – ČSFR	0:0

1. Belgien	15:5	12:4
2. ČSFR	13:3	12:4
3. Portugal	11:8	10:6
4. Schweiz	10:14	5:11
5. Luxemburg	3:22	1:15

Qualifiziert: Belgien und ČSFR

Nord/Mittelamerika (Concacaf)

15 Bewerber kämpfen um 2 Endrunden-Plätze

Erste Runde
Modus: Cup-System mit Hin- und Rückspielen

Antigua – Niederl. Antillen	0:1
Niederl. Antillen – Antigua	n.V. 3:1
Jamaica – Puerto Rico	1:0
Puerto Rico – Jamaica	1:2
Guyana – Trinidad/Tobago	0:4
Trinidad/Tobago – Guyana	1:0
Costa Rica – Panama	1:1
Panama – Costa Rica	0:2
Kuba – Guatemala	0:1
Guatemala – Kuba	1:1

Zweite Runde
Modus: Cup-System mit Hin- und Rückspielen

Niederl. Antillen – El Salvador	0:1
El Salvador – Niederl. Antillen	5:0
Jamaica – USA	0:0
USA – Jamaica	5:1
Trinidad/Tobago – Honduras	0:0
Honduras – Trinidad/Tobago	1:1
Guatemala – Kanada	1:0
Kanada – Guatemala	3:2

Costa Rica kampflos qualifiziert/ Mexiko disqualifiziert

Dritte Runde
Modus: Die Sieger der zweiten Runde ermitteln nach dem Liga-System mit Hin- und Rückspielen die zwei Endrunden-Teilnehmer.

Guatemala – Costa Rica	1:0
Costa Rica – Guatemala	2:1
Costa Rica – USA	1:0
USA – Costa Rica	1:0
USA – Trinidad/Tobago	1:1
Trinidad/Tobago – Costa Rica	1:1
Costa Rica – Trinidad/Tobago	1:0
USA – Guatemala	2:1
El Salvador – Costa Rica	2:4*

* = Spielabbruch

Costa Rica – El Salvador	1:0
Trinidad/Tobago – El Salvador	2:0
El Salvador – Trinidad/Tobago (in Honduras)	0:0
Guatemala – Trinidad/Tobago	0:1
Trinidad/Tobago – Guatemala	2:1
El Salvador – USA in Honduras	0:1
Guatemala – USA	0:0
USA – El Salvador	0:0
Trinidad/Tobago – USA	0:1

Guatemala – El Salvador, El Salvador – Guatemala nicht ausgetragen

1. Costa Rica	10:6	11:5
2. USA	6:3	11:5
3. Trinidad/Tobago	7:5	9:7
4. Guatemala	4:7	3:9
5. El Salvador	2:8	2:10

Qualifiziert: Costa Rica und USA

Südamerika

9 Bewerber kämpfen in 3 Qualifikations-Gruppen um 3 Endrunden-Plätze (hinzu kommt Titelverteidiger Argentinien)

Der Sieger der Südamerika-Gruppe 2 spielt noch gegen den Sieger der Ausscheidung Ozeanien/Israel (Hin- und Rückspiel)

Gruppe 1:
Bolivien, Peru, Uruguay

Bolivien – Peru	2:1
Peru – Uruguay	0:2
Bolivien – Uruguay	2:1
Peru – Bolivien	1:2
Uruguay – Bolivien	2:0
Uruguay – Peru	2:0

1. Uruguay	7:2	6:2
2. Bolivien	6:5	6:2
3. Peru	2:8	0:8

Qualifiziert: Uruguay

Gruppe 2:
Ecuador, Kolumbien, Paraguay

Kolumbien – Ecuador	2:0
Paraguay – Kolumbien	2:1
Ecuador – Kolumbien	0:0
Paraguay – Ecuador	2:1
Kolumbien – Paraguay	2:1
Ecuador – Paraguay	3:1

1. Kolumbien	5:3	5:3
2. Paraguay	6:7	4:4
3. Ecuador	4:5	3:5

Qualifiziert: Kolumbien

Gruppe 3:
Brasilien, Chile, Venezuela

Venezuela – Brasilien	0:4
Venezuela – Chile	1:3
Chile – Brasilien	1:1
Brasilien – Venezuela	6:0
Chile – Venezuela (in Mendoza)	5:0
Brasilien – Chile	2:0*

* = n. 1:0 abgebrochen, Wertung 2:0

1. Brasilien	13:1	7:1
2. Chile	9:4	5:3
3. Venezuela	1:18	0:8

Qualifiziert: Brasilien

Ozeanien

Australien, Fidschi-Inseln, Israel, Neuseeland, Taiwan

Erste Runde
Gruppe 1:

Taiwan – Neuseeland (in Wellington)	0:4
Neuseeland – Taiwan	4:1

Qualifikationsspiele

Gruppe 2:

Fidschi-Inseln – Australien	1:0
Australien – Fidschi-Inseln	5:1

Zweite Runde

Israel – Neuseeland	1:0
Australien – Neuseeland	4:1
Israel – Australien	1:1
Neuseeland – Australien	2:0
Neuseeland – Israel	2:2
Australien – Israel	1:1

1. Israel	5:4	5:3
2. Australien	6:5	4:4
3. Neuseeland	5:7	3:5

Qualifiziert: Israel

Kolumbien spielte als Sieger der Südamerika-Gruppe 2 gegen Israel (Sieger der Ausscheidung Ozeanien/Israel) um einen Endrunden-Platz

Kolumbien – Israel	1:0
Israel – Kolumbien	0:0

Qualifiziert: Kolumbien

Afrika

Erste Runde:

Modus: Cup-System mit Hin- und Rückspielen

Gruppe 1:

Angola – Sudan	0:0
Sudan – Angola	1:2

Zimbabwe kampflos qualifiziert/ Rückzug Lesotho

Sambia kampflos qualifiziert/ Rückzug Ruanda

Uganda – Malawi	1:0
Malawi – Uganda	3:1

Gruppe 2:

Libyen – Burkina Faso	3:0
Burkina Faso – Libyen	2:0
Ghana – Liberia	0:0
Liberia – Ghana	2:0
Tunesien – Guinea	5:0
Guinea – Tunesien	3:0

Gabun kampflos qualifiziert/ Rückzug Togo

Zweite Runde:

Modus: Die vier Gruppensieger qualifizieren sich nach dem Liga-System mit Hin- und Rückspielen für die dritte Runde

Gruppe A:
Algerien, Elfenbeinküste, Zimbabwe
Rückzug Libyen (14.5.1989)

Algerien – Zimbabwe	3:0
Zimbabwe – Elfenbeinküste	0:0
Elfenbeinküste – Algerien	0:0
Zimbabwe – Algerien	1:2
Elfenbeinküste – Zimbabwe	5:0
Algerien – Elfenbeinküste	1:0

Die Abschluß-Tabelle:

1. Algerien	6:1	7:1
2. Elfenbeinküste	5:1	4:4
3. Zimbabwe	1:10	1:7

Gruppe B:
Ägypten, Kenia, Malawi, Liberia

Ägypten – Liberia	2:0
Kenia – Malawi	1:1
Malawi – Ägypten	1:1
Liberia – Kenia	0:0
Kenia – Ägypten	0:0
Liberia – Malawi	1:0
Malawi – Kenia	1:0
Liberia – Ägypten	1:0
Ägypten – Malawi	1:0
Kenia – Liberia	1:0
Ägypten – Kenia	2:0
Malawi – Liberia	0:0

1. Ägypten	6:2	8:4
2. Liberia	2:3	6:6
3. Malawi	3:4	5:7
4. Kenia	2:4	5:7

Gruppe C:
Kamerun, Nigeria, Gabun, Angola

Nigeria – Gabun	1:0
Kamerun – Angola	1:1
Gabun – Kamerun	1:3
Angola – Nigeria	2:2
Nigeria – Kamerun	2:0
Angola – Gabun	2:0
Angola – Kamerun	1:2
Gabun – Nigeria	2:1
Nigeria – Angola	1:0
Kamerun – Gabun	2:1
Kamerun – Nigeria	1:0
Gabun – Angola	1:0

1. Kamerun	9:6	9:3
2. Nigeria	7:5	7:5
3. Angola	6:7	4:8
4. Gabun	5:9	4:8

Gruppe D:
Marokko, Zaire, Tunesien, Sambia

Marokko – Sambia	1:0
Zaire – Tunesien	3:1
Tunesien – Marokko	2:1
Sambia – Zaire	4:2
Zaire – Marokko	0:0
Sambia – Tunesien	1:0
Sambia – Marokko	2:1
Tunesien – Zaire	1:0
Marokko – Tunesien	0:0
Zaire – Sambia	1:0
Tunesien – Sambia	1:0
Marokko – Zaire	1:1

1. Tunesien	5:5	7:5
2. Sambia	7:6	6:6
3. Zaire	7:7	6:6
4. Marokko	4:5	5:7

Dritte Runde

Modus: Die beiden Sieger qualifizieren sich nach dem Cup-System (in Hin- und Rückspiel) für das WM-Endturnier 1990

Algerien – Ägypten	0:0
Ägypten – Algerien	1:0
Kamerun – Tunesien	2:0
Tunesien – Kamerun	0:1

Qualifiziert: Kamerun und Ägypten

Asien

22 Bewerber kämpfen um 2 Endrundenplätze

Erste Runde

Gruppe 1:
Irak, Jordanien, Katar, Oman

Katar – Jordanien	1:0
Oman – Irak	1:1
Oman – Katar	0:0
Jordanien – Irak	0:1
Jordanien – Oman	2:0
Katar – Irak	1:0
Jordanien – Katar	1:1
Irak – Oman	3:1
Katar – Oman	3:0
Irak – Jordanien	4:0
Oman – Jordanien	0:2
Irak – Katar	2:2

1. Katar	8:3	9:3
2. Irak	11:5	8:4
3. Jordanien	5:7	5:7
4. Oman	2:11	2:10

Gruppe 2:
Nordjemen, Saudi-Arabien, Syrien
Bahrein verzichtet

Nordjemen – Syrien	0:1
Saudi-Arabien – Syrien	5:4
Nordjamen – Saudi-Arabien	0:1
Syrien – Nordjemen	2:0

Qualifikationsspiele

Syrien – Saudi-Arabien 0:0
Saudi-Arabien – Nordjemen 1:0

1. Saudi-Arabien 7:4 7:1
2. Syrien 7:5 5:3
3. Nordjemen 0:5 0:8

Gruppe 3:
Kuwait, Pakistan, Vereinigte Arabische Emirate

Rückzug: Südjemen

Pakistan – Kuwait 0:1
Kuwait – Ver. Arab. Emirate 3:2
Ver. Arab. Emirate – Pakistan 5:0
Kuwait – Pakistan 2:0
Ver. Arab. Emirate – Kuwait 1:0
Pakistan – Ver. Arab. Emirate 1:4

1. Ver. Arab. Emirate 12:4 6:2
2. Kuwait 6:3 6:2
3. Pakistan 1:12 0:8

Gruppe 4:
Malaysia, Nepal, Singapur, Südkorea

Rückzug: Indien

Malaysia – Nepal 2:0
Singapur – Südkorea 0:3
Malaysia – Singapur 1:0
Nepal – Südkorea 0:9
Singapur – Nepal 3:0
Südkorea – Malaysia 3:0
Singapur – Malaysia 2:2
Südkorea – Nepal 4:0
Malaysia – Südkorea 0:3
Nepal – Singapur 0:7
Singapur – Südkorea 0:3
Malaysia – Nepal 3:0

1. Südkorea 25:0 12:0
2. Malaysia 8:8 7:5
3. Singapur 12:9 5:7
4. Nepal 0:28 0:12

Gruppe 5:
Bangladesch, China, Iran, Thailand

Thailand – Bangladesch 1:0
Thailand – Iran 0:3
China – Bangladesch 2:0
Bangladesch – Iran 1:2
Thailand – China 0:3
Bangladesch – China 0:2
Bangladesch – Thailand 3:1
Iran – Bangladesch 1:0
Iran – Thailand 3:0
China – Iran 2:0
Iran – China 3:2
China – Thailand 2:0

1. China 13:3 10:2
2. Iran 12:5 10:2
3. Bangladesch 4:9 2:10
4. Thailand 2:14 2:10

Gruppe 6:
Hongkong, Indonesien, Japan, Nordkorea

Indonesien – Nordkorea 0:0
Hongkong – Japan 0:0
Hongkong – Nordkorea 1:2
Indonesien – Japan 0:0
Hongkong – Indonesien 1:1
Japan – Nordkorea 2:1
Japan – Indonesien 5:0
Japan – Hongkong 0:0
Nordkorea – Japan 2:0
Indonesien – Hongkong 3:2
Nordkorea – Hongkong 4:1
Nordkorea – Indonesien 2:1

1. Nordkorea 11:5 9:3
2. Japan 7:3 7:5
3. Indonesien 5:10 5:7
4. Hongkong 5:10 3:9

Zweite Runde

Ver. Arab. Emirate – Nordkorea 0:0
China – Saudi-Arabien 2:1
Südkorea – Katar 0:0
Katar – Saudi-Arabien 1:1
Südkorea – Nordkorea 1:0
China – Ver. Arab. Emirate 1:2
China – Südkorea 0:1
Nordkorea – Katar 2:0
Saudi-Arab. – Ver. Arab. Emirate 0:0
Ver. Arab. Emirate – Katar 1:1
Nordkorea – China 0:1
Saudi-Arabien – Südkorea 0:2
Ver. Arab. Emirate – Südkorea 1:1
(in Kuala Lumpur)
Saudi-Arabien – Nordkorea 2:0
(in Kuantan)
Katar – China 2:1

1. Südkorea 5:1 8:2
2. Ver. Arab. Emirate 4:3 6:4
3. Katar 4:5 5:5
4. China 5:6 4:6
5. Saudi-Arabien 4:5 4:6
6. Nordkorea 2:4 3:7

Qualifiziert: Südkorea und Vereinigte Arabische Emirate

Für die Mannschaft der Bundesrepublik eine echte Glücksgöttin: Sophia Loren, unter wohlwollender Aufsicht von WM-Organisationschef Hermann Neuberger.

Folgende Seite: Staksig zwar, aber es sorgte für Millionen-Umsätze und wurde noch dazu eifrig von Werbetreibenden geklaut: Maskottchen Ciao.

185

Fußball-Weltmeisterschaften 1930 bis 1986

Fußball-Weltmeisterschaften 1930 bis 1986

ERGEBNISSE DER FUSSBALL-WELT-MEISTERSCHAFTEN 1930 BIS 1986

Uruguay 1930
13. bis 30. Juli

Gruppe 1

Frankreich – Mexiko		4:1
Argentinien – Frankreich		1:0
Chile – Mexiko		3:0
Chile – Frankreich		1:0
Argentinien – Mexiko		6:3
Argentinien – Chile		3:1
1. Argentinien	10:4	6:0
2. Chile	5:3	4:2
3. Frankreich	4:3	2:4
4. Mexiko	4:13	0:6

Gruppe 2

Jugoslawien – Brasilien		2:1
Jugoslawien – Bolivien		4:0
Brasilien – Bolivien		4:0
1. Jugoslawien	6:1	4:0
2. Brasilien	5:2	2:2
3. Bolivien	0:8	0:4

Gruppe 3

Rumänien – Peru		3:1
Uruguay – Peru		1:0
Uruguay – Rumänien		4:0
1. Uruguay	5:0	4:0
2. Rumänien	3:5	2:2
3. Peru	1:4	0:4

Gruppe 4

USA – Belgien		3:0
USA – Paraguay		3:0
Paraguay – Belgien		1:0
1. USA	6:0	4:0
2. Paraguay	1:3	2:2
3. Belgien	0:4	0:4

Halbfinale

Argentinien – USA	6:1
Uruguay – Jugoslawien	6:1

Endspiel

Uruguay – Argentinien	4:2

Italien 1934
24. Mai bis 10. Juni

Achtelfinale

Italien – USA	7:1
Spanien – Brasilien	3:1
Österreich – Frankreich	n. V. 3:2
Ungarn – Ägypten	4:2
ČSR – Rumänien	2:1
Schweiz – Holland	3:2
Deutschland – Belgien	5:2
Schweden – Argentinien	3:2

Viertelfinale

Italien – Spanien	n. V. 1:1
Italien – Spanien	1:0
Österreich – Ungarn	2:1
ČSR – Schweiz	3:2
Deutschland – Schweden	2:1

Halbfinale

Italien – Österreich	1:0
ČSR – Deutschland	3:1

Spiel um den 3. Platz

Deutschland – Österreich	3:2

Endspiel

Italien – ČSR	n. V. 2:1

Frankreich 1938
4. bis 19. Juni

Achtelfinale

Schweiz – Deutschland	n. V. 1:1
Schweiz – Deutschland	4:2
Ungarn – Niederländisch Indien	6:0
Kuba – Rumänien	n. V. 3:3
Kuba – Rumänien	2:1
Frankreich – Belgien	3:1
Italien – Norwegen	n. V. 2:1
ČSR – Holland	n. V. 3:0
Brasilien – Polen	n. V. 6:5

Schweden kam kampflos weiter, weil Österreich kein selbständiger Staat mehr war.

Viertelfinale

Ungarn – Schweiz	2:0
Schweden – Kuba	8:0
Italien – Frankreich	3:1
Brasilien – ČSR	n. V. 1:1
Brasilien – ČSR	2:1

Halbfinale

Italien – Brasilien	2:1
Ungarn – Schweden	5:1

Spiel um den 3. Platz

Brasilien – Schweden	4:2

Endspiel

Italien – Ungarn	4:2

Brasilien 1950
25. Juni bis 16. Juli

Gruppe 1

Brasilien – Mexiko		4:0
Jugoslawien – Schweiz		3:0
Brasilien – Jugoslawien		2:0
Schweiz – Mexiko		2:1
Brasilien – Schweiz		2:2
Jugoslawien – Mexiko		4:1
1. Brasilien	8:2	5:1
2. Jugoslawien	7:3	4:2
3. Schweiz	4:6	3:3
4. Mexiko	2:10	0:6

Gruppe 2

Schweden – Italien		3:2
Italien – Paraguay		2:0
Schweden – Paraguay		2:2
1. Schweden	5:4	3:1
2. Italien	4:3	2:2
3. Paraguay	2:4	1:3

Gruppe 3

England – Chile		2:0
Spanien – USA		3:1
USA – England		1:0
Spanien – Chile		2:0
Spanien – England		1:0
Chile – USA		5:2
1. Spanien	6:1	6:0
2. England	2:2	2:4
3. Chile	5:6	2:4
4. USA	4:8	2:4

Gruppe 4

Uruguay – Bolivien	8:0

Endrunde

Brasilien – Schweden	7:1
Uruguay – Spanien	2:2
Brasilien – Spanien	6:1
Uruguay – Schweden	3:2

187

Fußball-Weltmeisterschaften 1930 bis 1986

Schweden – Spanien 3:1
Uruguay – Brasilien 2:1

1. Uruguay 7:5 5:1
2. Brasilien 14:4 4:2
3. Schweden 6:11 2:4
4. Spanien 4:11 1:5

Schweiz 1954

16. Juni bis 4. Juli

Gruppe 1

Jugoslawien – Frankreich 1:0
Brasilien – Mexiko 5:0
Brasilien – Jugoslawien n.V. 1:1
Frankreich – Mexiko 3:2

1. Brasilien 6:1 3:1
2. Jugoslawien 2:1 3:1
3. Frankreich 3:3 2:2
4. Mexiko 2:8 0:4

Gruppe 2

Deutschland – Türkei 4:1
Ungarn – Südkorea 9:0
Ungarn – Deutschland 8:3
Türkei – Südkorea 7:0

Entscheidung um Platz 2

Deutschland – Türkei 7:2

1. Ungarn 17:3 4:0
2. Deutschland 14:11 4:2
3. Türkei 10:11 2:4
4. Südkorea 0:16 0:4

Gruppe 3

Uruguay – ČSSR 2:0
Österreich – Schottland 1:0
Österreich – Jugoslawien 5:0
Uruguay – Schottland 7:0

1. Uruguay 9:0 4:0
2. Österreich 6:0 4:0
3. ČSSR 0:7 0:4
4. Schottland 0:8 0:4

Gruppe 4

England – Belgien n.V. 4:4
Schweiz – Italien 2:1
England – Schweiz 2:0
Italien – Belgien 4:1

Entscheidung um Platz 2

Schweiz – Italien 4:1

1. England 6:4 3:1
2. Schweiz 6:4 4:2
3. Italien 6:7 2:4
4. Belgien 5:8 1:3

Viertelfinale

Uruguay – England 4:2
Österreich – Schweiz 7:5
Deutschland – Jugoslawien 2:0
Ungarn – Brasilien 4:2

Halbfinale

Deutschland – Österreich 6:1
Ungarn – Uruguay n.V. 4:2

Spiel um den 3. Platz

Österreich – Uruguay 3:1

Endspiel

Deutschland – Ungarn 3:2

Schweden 1958

8. bis 29. Juni

Gruppe 1

Deutschland – Argentinien 3:1
Nordirland – ČSSR 1:0
Deutschland – ČSSR 2:2
Argentinien – Nordirland 3:1
Deutschland – Nordirland 2:2
ČSSR – Argentinien 6:1

Entscheidung um Platz 2

Nordirland – ČSSR n.V. 2:1

1. Deutschland 7:5 4:2
2. Nordirland 4:5 3:3
3. ČSSR 8:4 3:3
4. Argentinien 5:10 2:4

Gruppe 2

Frankreich – Paraguay 7:3
Jugoslawien – Schottland 1:1
Paraguay – Schottland 3:2
Jugoslawien – Frankreich 3:2
Jugoslawien – Paraguay 3:3
Frankreich – Schottland 2:1

1. Frankreich 11:7 4:2
2. Jugoslawien 7:6 4:2
3. Paraguay 9:12 3:3
4. Schottland 4:6 1:5

Gruppe 3

Schweden – Mexiko 3:0
Ungarn – Wales 1:1
Mexiko – Wales 1:1
Schweden – Ungarn 2:1
Ungarn – Mexiko 4:0
Schweden – Wales 0:0

Entscheidung um Platz 2

Wales – Ungarn 2:1

1. Schweden 5:1 5:1
2. Wales 2:2 3:3
3. Ungarn 6:3 3:3
4. Mexiko 1:8 1:5

Gruppe 4

England – UdSSR 2:2
Brasilien – Österreich 3:0
UdSSR – Österreich 2:0
Brasilien – England 0:0
England – Österreich 2:2
Brasilien – UdSSR 2:0

Entscheidung um Platz 2

UdSSR – England 1:0

1. Brasilien 5:0 5:1
2. UdSSR 4:4 3:3
3. England 4:4 3:3
4. Österreich 2:7 1:5

Viertelfinale

Deutschland – Jugoslawien 1:0
Frankreich – Nordirland 4:0
Schweden – UdSSR 2:0
Brasilien – Wales 1:0

Halbfinale

Schweden – Deutschland 3:1
Brasilien – Frankreich 5:2

Spiel um den 3. Platz

Frankreich – Deutschland 6:3

Endspiel

Brasilien – Schweden 5:2

Chile 1962

30. Mai bis 17. Juni

Gruppe 1

Uruguay – Kolumbien 2:1
UdSSR – Jugoslawien 2:0
Jugoslawien – Uruguay 3:1
UdSSR – Kolumbien 4:4
UdSSR – Uruguay 2:1
Jugoslawien – Kolumbien 5:0

1. UdSSR 8:5 5:1
2. Jugoslawien 8:3 4:2
3. Uruguay 4:6 2:4
4. Kolumbien 5:11 1:5

Gruppe 2

Chile – Schweiz 3:1
Deutschland – Italien 0:0
Chile – Italien 2:0

Fußball-Weltmeisterschaften 1930 bis 1986

Deutschland – Schweiz		2:1
Italien – Schweiz		3:0
Deutschland – Chile		2:0
1. Deutschland	4:1	5:1
2. Chile	5:3	4:2
3. Italien	3:2	3:3
4. Schweiz	2:8	0:6

Gruppe 3

Brasilien – Mexiko		2:0
ČSSR – Spanien		1:0
Brasilien – ČSSR		0:0
Spanien – Mexiko		1:0
Brasilien – Spanien		2:1
Mexiko – ČSSR		3:1
1. Brasilien	4:1	5:1
2. ČSSR	2:3	3:3
3. Mexiko	3:4	2:4
4. Spanien	2:3	2:4

Gruppe 4

Argentinien – Bulgarien		1:0
Ungarn – England		2:1
England – Argentinien		3:1
Ungarn – Bulgarien		6:1
Ungarn – Argentinien		0:0
England – Bulgarien		0:0
1. Ungarn	8:2	5:1
2. England	4:3	3:3
3. Argentinien	2:3	3:3
4. Bulgarien	1:7	1:5

Viertelfinale

Chile – UdSSR	2:1
Jugoslawien – Deutschland	1:0
Brasilien – England	3:1
ČSSR – Ungarn	1:0

Halbfinale

Brasilien – Chile	4:2
ČSSR – Jugoslawien	3:1

Spiel um den 3. Platz

Chile – Jugoslawien	1:0

Endspiel

Brasilien – ČSSR	3:1

England 1966

11. bis 30. Juli

Gruppe 1

England – Uruguay	0:0
Frankreich – Mexiko	1:1
Uruguay – Frankreich	2:1
England – Mexiko	2:0
Uruguay – Mexiko	0:0
England – Frankreich	2:0

1. England	4:0	5:1
2. Uruguay	2:1	4:2
3. Mexiko	1:3	2:4
4. Frankreich	2:5	1:5

Gruppe 2

Deutschland – Schweiz	5:0
Argentinien – Spanien	2:1
Spanien – Schweiz	2:1
Deutschland – Argentinien	0:0
Argentinien – Schweiz	2:0
Deutschland – Spanien	2:1

1. Deutschland	7:1	5:1
2. Argentinien	4:1	5:1
3. Spanien	4:5	2:4
4. Schweiz	1:9	0:6

Gruppe 3

Brasilien – Bulgarien	2:0
Portugal – Ungarn	3:1
Ungarn – Brasilien	3:1
Portugal – Bulgarien	3:0
Portugal – Brasilien	3:1
Ungarn – Bulgarien	3:1

1. Portugal	9:2	6:0
2. Ungarn	7:5	4:2
3. Brasilien	4:6	2:4
4. Bulgarien	1:8	0:6

Gruppe 4

UdSSR – Nordkorea	3:0
Italien – Chile	2:0
Chile – Nordkorea	1:1
UdSSR – Italien	1:0
Nordkorea – Italien	1:0
UdSSR – Chile	2:1

1. UdSSR	6:1	6:0
2. Nordkorea	2:4	3:3
3. Italien	2:2	2:4
4. Chile	2:5	1:5

Viertelfinale

England – Argentinien	1:0
Deutschland – Uruguay	4:0
Portugal – Nordkorea	5:3
UdSSR – Ungarn	2:1

Halbfinale

Deutschland – UdSSR	2:1
England – Portugal	2:1

Spiel um den 3. Platz

Portugal – UdSSR	2:1

Endspiel

England – Deutschland	n. V. 4:2

Mexiko 1970

31. Mai bis 21. Juni

Gruppe 1

UdSSR – Mexiko	0:0
Belgien – El Salvador	3:0
UdSSR – Belgien	4:1
Mexiko – El Salvador	4:0
UdSSR – El Salvador	2:0
Mexiko – Belgien	1:0

1. UdSSR	6:1	5:1
2. Mexiko	5:0	5:1
3. Belgien	4:5	2:4
4. El Salvador	0:9	0:6

Gruppe 2

Uruguay – Israel	2:0
Italien – Schweden	1:0
Uruguay – Italien	0:0
Schweden – Israel	1:1
Uruguay – Schweden	0:1
Italien – Israel	0:0

1. Italien	1:0	4:2
2. Uruguay	2:1	3:3
3. Schweden	2:2	3:3
4. Israel	1:3	2:4

Gruppe 3

Rumänien – England	1:0
ČSSR – Brasilien	1:4
Rumänien – ČSSR	2:1
Brasilien – England	1:0
Brasilien – Rumänien	3:2
England – ČSSR	1:0

1. Brasilien	8:3	6:0
2. England	2:1	4:2
3. Rumänien	4:5	2:4
4. ČSSR	2:7	0:6

Gruppe 4

Peru – Bulgarien	3:2
Deutschland – Marokko	2:1
Peru – Marokko	3:0
Deutschland – Bulgarien	5:2
Deutschland – Peru	3:1
Bulgarien – Marokko	1:1

1. Deutschland	10:4	6:0
2. Peru	7:5	4:2
3. Bulgarien	5:9	1:5
4. Marokko	2:6	1:5

Fußball-Weltmeisterschaften 1930 bis 1986

Viertelfinale

Uruguay – UdSSR	n. V.	1:0
Italien – Mexiko		4:1
Brasilien – Peru		4:2
Deutschland – England	n. V.	3:2

Halbfinale

Italien – Deutschland	n. V.	4:3
Brasilien – Uruguay		3:1

Spiel um den 3. Platz

Deutschland – Uruguay	1:0

Endspiel

Brasilien – Italien	4:1

Deutschland 1974

13. Juni bis 7. Juli

Gruppe 1

Deutschland – Chile	1:0
DDR – Australien	2:0
DDR – Chile	1:1
Deutschland – Australien	3:0
Chile – Australien	0:0
DDR – Deutschland	1:0

1. DDR	4:1	5:1
2. Deutschland	4:1	4:2
3. Chile	1:2	2:4
4. Australien	0:5	1:5

Gruppe 2

Brasilien – Jugoslawien	0:0
Schottland – Zaire	2:0
Jugoslawien – Zaire	9:0
Schottland – Brasilien	0:0
Brasilien – Zaire	3:0
Schottland – Jugoslawien	1:1

1. Jugoslawien	10:1	4:2
2. Brasilien	3:0	4:2
3. Schottland	3:1	4:2
4. Zaire	0:14	0:6

Gruppe 3

Schweden – Bulgarien	0:0
Holland – Uruguay	2:0
Holland – Schweden	0:0
Bulgarien – Uruguay	1:1
Holland – Bulgarien	4:1
Schweden – Uruguay	3:0

1. Holland	6:1	5:1
2. Schweden	3:0	4:2
3. Bulgarien	2:5	2:4
4. Uruguay	1:6	1:5

Gruppe 4

Italien – Haiti	3:1
Polen – Argentinien	3:2
Polen – Haiti	7:0
Argentinien – Italien	1:1
Argentinien – Haiti	4:1
Polen – Italien	2:1

1. Polen	12:3	6:0
2. Argentinien	7:5	3:3
3. Italien	5:4	3:3
4. Haiti	2:14	0:6

Finalrunde

Gruppe A

Holland – Argentinien	4:0
Brasilien – DDR	1:0
Holland – DDR	2:0
Brasilien – Argentinien	2:1
Holland – Brasilien	2:0
DDR – Argentinien	1:1

1. Holland	8:0	6:0
2. Brasilien	3:3	4:2
3. DDR	1:4	1:5
4. Argentinien	2:7	1:5

Gruppe B

Deutschland – Jugoslawien	2:0
Polen – Schweden	1:0
Polen – Jugoslawien	2:1
Deutschland – Schweden	4:2
Deutschland – Polen	1:0
Schweden – Jugoslawien	2:1

1. Deutschland	7:2	6:0
2. Polen	3:2	4:2
3. Schweden	4:6	2:4
4. Jugoslawien	2:6	0:6

Spiel um den 3. Platz

Polen – Brasilien	1:0

Endspiel

Deutschland – Holland	2:1

Argentinien 1978

13. bis 25. Juni

Gruppe 1

Argentinien – Frankreich	2:1
Argentinien – Ungarn	2:1
Italien – Ungarn	3:1
Italien – Frankreich	2:1
Frankreich – Ungarn	3:1
Argentinien – Italien	0:1

1. Italien	6:2	6:0
2. Argentinien	4:3	4:2
3. Frankreich	5:5	2:4
4. Ungarn	3:8	0:6

Gruppe 2

Deutschland – Polen	0:0
Tunesien – Mexiko	3:1
Polen – Tunesien	1:0
Deutschland – Mexiko	6:0
Polen – Mexiko	3:1
Deutschland – Tunesien	0:0

1. Polen	4:1	5:1
2. Deutschland	6:0	4:2
3. Tunesien	3:2	3:3
4. Mexiko	2:12	0:6

Gruppe 3

Österreich – Spanien	2:1
Brasilien – Schweden	1:1
Österreich – Schweden	1:0
Brasilien – Spanien	0:0
Spanien – Schweden	1:0
Brasilien – Österreich	1:0

1. Österreich	3:2	4:2
2. Brasilien	2:1	4:2
3. Spanien	2:2	3:3
4. Schweden	1:3	1:5

Gruppe 4

Peru – Schottland	3:1
Holland – Iran	3:0
Schottland – Iran	1:1
Peru – Holland	0:0
Peru – Iran	4:1
Schottland – Holland	3:2

1. Peru	7:2	5:1
2. Holland	5:3	3:3
3. Schottland	5:6	3:3
4. Iran	2:8	1:5

Finalrunde

Gruppe A

Deutschland – Italien	0:0
Holland – Österreich	5:1
Deutschland – Holland	2:2
Italien – Österreich	1:0
Holland – Italien	2:1
Österreich – Deutschland	3:2

1. Holland	9:4	5:1
2. Italien	2:2	3:3
3. Deutschland	4:5	2:4
4. Österreich	4:8	2:4

Gruppe B

Brasilien – Peru	3:0
Argentinien – Polen	2:0
Polen – Peru	1:0

Fußball-Weltmeisterschaften 1930 bis 1986

Argentinien – Brasilien		0:0
Brasilien – Polen		3:1
Argentinien – Peru		6:0
1. Argentinien	8:0	5:1
2. Brasilien	6:1	5:1
3. Polen	2:5	2:4
4. Peru	0:10	0:6

Spiel um den 3. Platz

Brasilien – Italien	2:1

Endspiel

Argentinien – Holland	n. V. 3:1

Spanien 1982

13. Juni bis 11. Juli

Gruppe 1

Italien – Polen		0:0
Peru – Kamerun		0:0
Italien – Peru		1:1
Polen – Kamerun		0:0
Polen – Peru		5:1
Italien – Kamerun		1:1
1. Polen	5:1	4:2
2. Italien	2:2	3:3
3. Kamerun	1:1	3:3
4. Peru	2:6	2:4

Gruppe 2

Deutschland – Algerien		1:2
Chile – Österreich		0:1
Deutschland – Chile		4:1
Algerien – Österreich		0:2
Algerien – Chile		3:2
Deutschland – Österreich		1:0
1. Deutschland	6:3	4:2
2. Österreich	3:1	4:2
3. Algerien	5:5	4:2
4. Chile	3:6	0:6

Gruppe 3

Argentinien – Belgien		0:1
Ungarn – El Salvador		10:1
Argentinien – Ungarn		4:1
Belgien – El Salvador		1:0
Belgien – Ungarn		1:1
Argentinien – El Salvador		2:0
1. Belgien	3:1	5:1
2. Argentinien	6:2	4:2
3. Ungarn	12:6	3:3
4. El Salvador	1:13	0:6

Gruppe 4

England – Frankreich		3:1
ČSSR – Kuwait		1:1
England – ČSSR		2:0
Frankreich – Kuwait		4:1
Frankreich – ČSSR		1:1
England – Kuwait		1:0
1. England	6:1	6:0
2. Frankreich	6:5	3:3
3. ČSSR	2:4	2:4
4. Kuwait	2:6	1:5

Gruppe 5

Spanien – Honduras		1:1
Jugoslawien – Nordirland		0:0
Spanien – Jugoslawien		2:1
Honduras – Nordirland		1:1
Honduras – Jugoslawien		0:1
Spanien – Nordirland		0:1
1. Nordirland	2:1	4:2
2. Spanien	3:3	3:3
3. Jugoslawien	2:2	3:3
4. Honduras	2:3	2:4

Gruppe 6

Brasilien – UdSSR		2:1
Schottland – Neuseeland		5:2
Brasilien – Schottland		4:1
UdSSR – Neuseeland		3:0
UdSSR – Schottland		2:2
Brasilien – Neuseeland		4:0
1. Brasilien	10:2	6:0
2. UdSSR	6:4	3:3
3. Schottland	8:8	3:3
4. Neuseeland	2:12	0:6

Finalrunde

Gruppe A

Polen – Belgien		3:0
Belgien – UdSSR		0:1
Polen – UdSSR		0:0
1. Polen	3:0	3:1
2. UdSSR	1:0	3:1
3. Belgien	0:4	0:4

Gruppe B

Deutschland – England		0:0
Deutschland – Spanien		2:1
England – Spanien		0:0
1. Deutschland	2:1	3:1
2. England	0:0	2:2
3. Spanien	1:2	1:3

Gruppe C

Italien – Argentinien		2:1
Argentinien – Brasilien		1:3
Italien – Brasilien		3:2
1. Italien	5:3	4:0
2. Brasilien	5:4	2:2
3. Argentinien	2:5	0:4

Gruppe D

Österreich – Frankreich		0:1
Österreich – Nordirland		2:2
Frankreich – Nordirland		4:1
1. Frankreich	5:1	4:0
2. Österreich	2:3	1:3
3. Nordirland	3:6	1:3

Halbfinale

Polen – Italien		0:2
Deutschland – Frankreich		n. V. 3:3
	nach Elfmeterschießen	5:4

Spiel um den 3. Platz

Polen – Frankreich	3:2

Endspiel

Italien – Deutschland	3:1

Mexiko 1986

31. Mai bis 29. Juni

Gruppe A

Bulgarien – Italien		1:1
Argentinien – Südkorea		3:1
Italien – Argentinien		1:1
Südkorea – Bulgarien		1:1
Südkorea – Italien		2:3
Argentinien – Bulgarien		2:0
1. Argentinien	6:2	5:1
2. Italien	5:4	4:2
3. Bulgarien	2:4	2:4
4. Südkorea	4:7	1:5

Gruppe B

Belgien – Mexiko		1:2
Paraguay – Irak		1:0
Mexiko – Paraguay		1:1
Irak – Belgien		1:2
Irak – Mexiko		0:1
Paraguay – Belgien		2:2
1. Mexiko	4:2	5:1
2. Paraguay	4:3	4:2
3. Belgien	5:5	3:3
4. Irak	1:4	0:6

Gruppe C

Kanada – Frankreich		0:1
UdSSR – Ungarn		6:0
Frankreich – UdSSR		1:1
Ungarn – Kanada		2:0

Fußball-Weltmeisterschaften 1930 bis 1986

Ungarn – Frankreich		0:3
UdSSR – Kanada		2:0
1. UdSSR	9:1	5:1
2. Frankreich	5:1	5:1
3. Ungarn	2:9	2:4
4. Kanada	0:5	0:6

Gruppe D

Spanien – Brasilien		0:1
Algerien – Nordirland		1:1
Brasilien – Algerien		1:0
Nordirland – Spanien		1:2
Nordirland – Brasilien		0:3
Algerien – Spanien		0:3
1. Brasilien	5:0	6:0
2. Spanien	5:2	4:2
3. Nordirland	2:6	1:5
4. Algerien	1:5	1:5

Gruppe E

Uruguay – Deutschland	1:1
Schottland – Dänemark	0:1
Deutschland – Schottland	2:1
Dänemark – Uruguay	6:1
Dänemark – Deutschland	2:0
Schottland – Uruguay	0:0

1. Dänemark	9:1	6:0
2. Deutschland	3:4	3:3
3. Uruguay	2:7	2:4
4. Schottland	1:3	1:5

Gruppe F

Marokko – Polen	0:0
Portugal – England	1:0
England – Marokko	0:0
Polen – Portugal	1:0
Portugal – Marokko	1:3
England – Polen	3:0

1. Marokko	3:1	4:2
2. England	3:1	3:3
3. Polen	1:3	3:3
4. Portugal	2:4	2:4

Achtelfinale

Brasilien – Polen	4:0
Italien – Frankreich	0:2
Marokko – Deutschland	0:1
Mexiko – Bulgarien	2:0
Argentinien – Uruguay	1:0
England – Paraguay	3:0
Dänemark – Spanien	1:5
UdSSR – Belgien	n. V. 3:4

Viertelfinale

Brasilien – Frankreich	n. V. 1:1
nach Elfmeterschießen	3:4
Deutschland – Mexiko	n. V. 0:0
nach Elfmeterschießen	4:1
Argentinien – England	2:1
Spanien – Belgien	n. V. 1:1
nach Elfmeterschießen	4:5

Halbfinale

Frankreich – Deutschland	0:2
Argentinien – Belgien	2:0

Spiel um den 3. Platz

Frankreich – Belgien	n. V. 4:2

Endspiel

Argentinien – Deutschland	3:2